MACHT RECHT GLOBAL

Chancen für Sicherheit
und Gerechtigkeit

UEBERREUTER

ISBN 978-3-8000-7237-8
ISBN 3-8000-7237-8

Umschlaggestaltung: Maria Schuster unter Verwendung eines Gemäldes von Dieter Preisl
Konzept der Edition: Alfred Zellinger

Druck: CPI Moravia Books GmbH
7 6 5 4 3 2 1

Ueberreuter im Internet: www.ueberreuter.at

INHALT

VORWORT

Liebe Freunde der BAWAG P.S.K.-Edition!

Wieder haben wir uns einem der brennenden Themen dieser Zeit gewidmet: der sogenannten Globalisierung. MACHT RECHT GLOBAL – Chancen für Sicherheit und Gerechtigkeit
ist der Titel dieses neuen Bandes.

Über die Globalisierung wird viel diskutiert und geschrieben – und das überwiegend kritisch. Wir wollten in unserem Essayband wie oft den Blickwinkel verschieben: Bietet nicht gerade die Globalisierung Chancen für mehr Sicherheit und Gerechtigkeit in der Welt?
Im »entwickelten« Teil der Welt und in den Schwellenländern finden Innovationen in hohem Tempo statt, große Teile der Menschheit bleiben aber von dieser Wirtschaftsdynamik ausgeschlossen – mit fatalen Folgen für deren Lebenschancen, wie man weiß. Ist es naiv, zu glauben, der Markt werde es schon richten, mehr Freihandel werde die Probleme schon lösen?
Gibt es ein Naturgesetz, dass eine Marktwirtschaft den reichen Teil der Welt reicher und den armen ärmer machen muss? Wollen die Privilegierten an bestehenden Zuständen überhaupt was ändern? Wie viel Gleichheit ist zu viel, weil sich Leistung dann nicht mehr lohnt? Muss es noch mehr Emigration geben, mehr Terror und Krieg, mehr Energiekrisen und -erpressungen, mehr Umweltschäden und daraus resultierende Katastrophen? Wäre es nicht ein fataler Irrtum, zu glauben, dass man alles so belassen kann, wie es ist, und wir hätten dabei unsere Ruhe?
Pragmatisch ginge es um die Nutzbarmachung dieses begreiflichen »Ruhebedürfnisses« als Antrieb zu mehr Gerechtigkeit – ein globaler Ordnungsrahmen, der die Dynamik der Märkte positiv für Weltfrieden, Sicherheit, Gerechtigkeit und Nachhaltigkeit nutzt. Vom Marktgedanken werden die maßgebenden Länder

nicht abzubringen sein, die Idee der Gerechtigkeit wäre da schon eher mehrheitsfähig.
Es geht um einzelne Schritte, den »Global Marshall Plan« zum Beispiel, um die Millenniums-Entwicklungsziele der Vereinten Nationen (offiziell von rund 190 Staaten anerkannt, auch wenn sich derzeit nicht viel in diese Richtung bewegt), um Instrumente wie »Fair Trade« oder das »Equity-Konzept«, weltweit angewandt; es geht um »Corporate Business Ethics«; es geht vielleicht auch um Methoden zur Handhabung der Unduldsamkeit und Unverträglichkeit von Religionen; es geht allgemein darum, das Potenzial zu nutzen, das globale Strukturen entstehen lässt.

Die Geschichte der Menschheit wird stets von Visionen vorangetrieben, diese gibt es auch jetzt: Die globale Anerkennung der Menschenrechte wäre eine, den politischen Primat der Demokratie weltweit durchzusetzen eine andere ...

Wir waren wieder bemüht, die für diesen Themenkreis besten und meist engagierten Autorinnen und Autoren zu gewinnen. Sie haben sich dem Thema auf philosophischer wie wirtschaftlicher, regionaler wie globaler, auf öffentlicher wie privater Ebene gewidmet.

Prof. Dr. Ewald Nowotny
Vorsitzender des Vorstandes der BAWAG P.S.K.

Bettina Balàka

HOCHZEITEN UND TODESFÄLLE

Aus dem Augenwinkel beobachte ich seit Jahren, wie die »Hochzeit in Weiß« um sich greift. Ausgelöst wurde diese selektive Aufmerksamkeit durch ein Foto in einer ethnologischen Publikation. Die Bildunterschrift gab an: »Hochzeit bei den ...« (Apachen, Oglala Lakota, Mohawk, Navaho – um welches der indigenen Völker Nordamerikas es sich handelte, erinnere ich mich nicht mehr.) In dem Sekundenbruchteil, der zwischen dem Lesen der Bildunterschrift und dem Hinaufschwenken des Blicks auf das Bild lag, hatte ich eine Erwartung aufgebaut, die prompt enttäuscht wurde. Zu sehen erwartete ich eine traditionelle, mir unbekannte Zeremonie in ebensolcher Bekleidung, mit Schmuck, Requisiten, Körperhaltungen und Gesten, die sich mir erst nach Lektüre des beigefügten Textes entschlüsseln würden. Selbst auf eine Relativierung des Begriffs »Hochzeit«, der mit seinen Implikationen (Besiegelung einer lebenslangen, monogamen, heterosexuellen Sexual- und Wirtschaftsgemeinschaft) bekanntlich einem eurozentrischen und keineswegs universellen Wertekanon entspringt, war ich gefasst. Zu meiner Verblüffung sah ich jedoch ein Brautpaar in jener klassisch christlich-euroamerikanischen Aufmachung, wie sie die Plastikfigürchen auf der obersten Etage der meisten Hochzeitstorten zu charakterisieren pflegt: die Braut im weißen Prinzessinnen-Outfit mit Schleier, Schleppe und Diadem, der Bräutigam im schwarzen Frack. Obendrein lief das Paar auf dem Foto Kirchenstufen hinunter und duckte sich lachend unter den Reisschauern der umstehenden Gäste. Ich bezweifelte, dass die Tradition des Reiswerfens auf einen alten indianischen Ritus zurückging. Mit dem Blick auf die Kirche fiel ich durch Jahrhunderte des Kulturverlusts durch Missionierung – eine der frühesten Globalisierungsanstrengungen: Alle Völker der Erde sollen an ei-

nen, unseren, Gott glauben, nach einer, unserer, Religion leben. Zu ihrem eigenen Besten, versteht sich.
Man hat ein seltsames Gefühl, wenn man alte ethnografische Filme über »Erstkontakte« sieht, in denen ein weißer Ethnologe die staunenden Ureinwohner ferner Weltgegenden mit Plastikkugelschreibern und -feuerzeugen ausstattet. Mittlerweile dürfte der überwiegende Teil des Erdballs mit Kugelschreibern und Feuerzeugen hinreichend versorgt sein. Ein altes Dilemma: Die außereuropäische Gesellschaft, die man zu erforschen beginnt, hat man zwangsläufig bereits verändert. Man hätte sie in Ruhe lassen sollen, sagen die einen. Wäre es besser gewesen, sie hinter hohen Mauern, geschützt vor den Segnungen der Zivilisation, quasi als lebendige Museumsstücke zu konservieren?, sagen die anderen. Was haben indigene Völker vom Kontakt mit der europäischen Zivilisation je gehabt? Dezimierung durch unbekannte Infektionskrankheiten, Alkoholismus, Prostitution, Zerfall der traditionellen Sozialstruktur, Verlust der Fähigkeiten und Möglichkeiten zu autonomer Subsistenzwirtschaft, Armut, Elend, hohe Kindersterblichkeit. Sagen die einen. Kann nicht auch ein Yanomami oder Papua seine Rechte besser verteidigen, wenn man ihm einen Computer mit Internetanschluss zur Verfügung stellt und ein Jusstudium ermöglicht? Sagen die anderen.
Es hat etwas Deprimierendes, wenn man sieht, wie das traditionelle, kunstvoll verzierte Metallgeschirr so mancher Beduinenvölker in europäischen Interior-Design-Läden verramscht wird, während man es an seinen ursprünglichen Verwendungsorten durch billige Plastikschüsseln made in Taiwan ersetzt. Sagen die einen. Welches Recht haben wir, uns um die Folklore einer Adventure-Tour betrogen zu fühlen, wenn wir feststellen, dass der mongolische Nomade, den wir in seiner abgelegenen Jurte aufsuchen, vor dieser einen Dieselmotor laufen lässt, um seinen Fernseher mit Strom zu versorgen? Wie kommen wir dazu, ihn vor jenen Soaps und News »bewahren« zu wollen, die wir uns selbst ganz genauso ansehen? Sagen die anderen.
Ich bin mir ziemlich sicher, dass die Tradition des Reiswerfens bei den österreichischen Hochzeiten, die ich in meinen ersten beiden Lebensjahrzehnten besuchte, also bis Mitte der Achtzigerjahre, noch nicht üblich war. Ich bin mir auch ziemlich sicher, dass

die Tradition des Brautstraußwerfens eine in Österreich eher rezente Erscheinung ist und nur aufgrund US-amerikanischer Fernsehserien und Kinofilme so ungeheuer vertraut erscheint. Hundertprozentig sicher bin ich mir, dass »something old, something new, something borrowed, something blue« in der Bekleidung der Braut keinen altösterreichischen Imperativ darstellt. Wann es genau begonnen hat, dass ich bei heimischen Hochzeiten irritiert zusammenzucke, wenn die Brautleute auf die entscheidenden Fragen des Priesters bzw. Standesbeamten mit einem schlichten »Ja« antworten, anstatt mit dem aus Filmsynchronisationen bekannten »Ja, ich will« (nach: »Yes, I do«), lässt sich nicht mehr zurückverfolgen. (Noch irritiert es mich, wenn das ursprünglich reflexive deutsche Verb »sich entspannen« neuerdings, aus dem Englischen lehnübersetzt, nicht reflexiv verwendet wird: »Du musst entspannen« – nach: »You need to relax« – statt »Du musst dich entspannen«. Für das Ohr eines Teenagers wird Letzteres vermutlich bereits falsch klingen.)
Purismus hat da keinen Zweck. Traditionelle japanische Hochzeiten werden wohl nur mehr im Kaiserhaus gefeiert, stattdessen kommen japanische Brautpaare in Scharen nach Österreich, um ihre (weiße) Traumhochzeit in einer (vermeintlichen) Operettenkulisse wie dem Salzburger Schloss Mirabell zu feiern. Österreichische Brautpaare buchen ihrerseits ein Hochzeitspackage auf Mauritius oder geben sich in einer Wedding Chapel in Las Vegas das »Yes, I do«-Sätzchen. Die Sache mit dem Reiswerfen soll ohnehin aus Asien stammen, ebenso wie der Reis und nicht zuletzt die italienische Pasta. Das legendäre steirische Kürbiskernöl haben wir den Raubzügen eines Christoph Columbus zu verdanken, und wie man in Europa finstere Jahrhunderte ohne Kaffee, Schokolade und Tomatenketchup überstehen konnte, scheint heute kaum mehr vorstellbar (dass auf dem Weg dahin einige Indianerstämme ausgerottet und zahllose Afrikaner in die Sklaverei verschleppt wurden, und dass man selbst heute noch einen eigenen »Fair-Trade«-Handel einrichten muss, da der gewöhnliche Handel alles andere als fair ist, ist allerdings auch schwer zu fassen). Westliche Modeschöpfer sichten die textilen Erzeugnisse der entlegensten Ethnien, um sie in ihren Kreationen zu »zitieren« (oder auszubeuten?). Bollywood ist ganz großes Kino von

San Francisco bis Worpswede, und jeder ist froh und dankbar, dass in Indien (oder indischen Filmen) noch nicht in Weiß geheiratet wird. Während sich japanische Frauen eine »europäische Lidfalte« anoperieren lassen, stylen sich amerikanische Frauen im »Geisha-Look« (wobei Letzteres, wie man hinzufügen muss, weniger schmerzhaft und außerdem reversibel ist). Gott weiß, dass das Leben in so manchen Gegenden des westlichen Kulturkreises schier unerträglich wäre, könnte man nicht auf thailändische Restaurants und indische Takeaways zurückgreifen. Und wer noch nie, in einer fremden Stadt unterwegs, eine McDonald's-Toilette aufgesucht hat (die man erstens ohne Konsumationszwang und zweitens in Erwartung eines weltweit halbwegs einheitlichen Hygienestandards benutzen kann), der werfe den ersten Stein. Manches ist relativ – als ich zum ersten Mal irische Kerrygold-Butter in einem österreichischen Kühlregal sah, war ich begeistert, als ich unlängst ein italienisches Kühlregal voll mit Produkten der deutschen Müllermilch erblickte, alles andere als das. Manches ist halb so wild. – Man mag es bedauern, dass das Christkindl nach und nach von Rudolf the Red-Nosed Reindeer verdrängt wird und sich am 31. Oktober mittlerweile auch noch im abgeschiedensten Alpendorf die Kinder in Gruselschale werfen und »Süßes oder Saures!« tönen, aber man darf nicht vergessen, dass auch das Christkindl irgendwann einmal seine allererste Saison hatte.

Anderes allerdings ist unerträglich: europäische (amerikanische, australische) Männer, die nach Thailand (Kuba, Kenia) reisen, um sich dort an Kindern zu vergreifen. Österreichische (deutsche, italienische) Männer, die es im Bordell nicht bemerkt haben wollen, dass die ihnen zur sexuellen Verfügung gestellte Bulgarin (Albanerin, Kolumbianerin) zur Prostitution gezwungen wird. Wiener, die in Wien den Kundenstock für aus Rumänien eingeschleuste Kinderprostituierte stellen. Jeden Tag. In diesem Moment. Und wir reden hier nicht von »Sechzehnjährigen, die halt so aussehen, als wären sie schon achtzehn«. Wir reden von Zehnjährigen, Siebenjährigen, Fünfjährigen. Eine ehemalige Mitarbeiterin der Wiener Aids-Info erzählte mir, dass sie es immer wieder mit Anrufen nach dem Motto: »Kann man sich bei einer Sechsjährigen in Sri Lanka

(Brasilien, Vietnam, den Philippinen) sicher sein, dass die kein Aids hat, oder soll man da im Alter noch weiter runtergehen?«, zu tun hatte. Sklaverei, Mietkörper, Handelsware Menschenfleisch. Die Konsumenten: »ganz normale« Männer. Von nebenan. Männer der »zivilisierten« westlichen Welt.
Mir ist nicht ganz klar, worin der Unterschied zwischen einem der berüchtigten serbischen Vergewaltigungslager im Bosnienkrieg und einem Bordell mit Zwangsprostituierten in einer beliebigen EU-Stadt bestehen soll. In beiden Fällen werden (wurden) Frauen gefangen gehalten und etliche Male am Tag vergewaltigt. Ein Freier, der mit einer Zwangsprostituierten verkehrt, erfüllt den Tatbestand der Vergewaltigung und sollte das entsprechende Strafmaß zu gewärtigen haben. Allein diese Maßnahme würde das Problem durch sinkende Nachfrage wohl vielerorts aus der Welt schaffen. Männer, die Kinder sexuell missbrauchen, müssen international zur Rechenschaft zu ziehen sein. Das Strafmaß muss drastisch angehoben werden und sollte meines Erachtens dem von Mord oder Totschlag angeglichen sein – immerhin geht es um die Zerstörung von Menschenleben. (Im Augenblick ist es in Österreich noch so, dass jemand, der etwa ein goldenes Salzfässchen aus einem Museum stiehlt – und nichts gegen Kulturgüter –, einer erheblich längeren Gefängnisstrafe entgegensieht als jemand, der sich an einem Kind vergreift.)

In einem großen Einkaufszentrum in Kuala Lumpur war ich enttäuscht, dieselben Labels und Ketten wie in jeder beliebigen europäischen oder amerikanischen Großstadt zu finden: Ich hätte mir mehr »Autochthones« gewünscht. Gleichzeitig empfand ich es als sehr unangenehm, mich als Frau innerhalb der Zwänge einer muslimischen Gesellschaft zu bewegen: (Bekleidungsvorschriften, das ständige Angesehenwerden als Sexualobjekt: Zeige ich meine unbedeckten Arme, lade ich zur Belästigung ein. Zeige ich meine Haare, lade ich zur Belästigung ein. Gehe ich ohne männlichen Begleitschutz auf die Straße, ist mir ohnehin nicht zu helfen.) Ich hätte mir mehr »Verwestlichung« gewünscht. (Der Vollständigkeit halber: Natürlich gibt es neben den muslimischen Malaien auch Chinesen und Inder, damit Buddhisten, Taoisten, Konfuzianer und Hindus in Kuala Lumpur, und natürlich lebten

auch sie nicht von Anbeginn der Zeiten an diesem Ort, sondern haben ihrerseits in größeren Einwanderungsbewegungen indigene Kulturen unterworfen und überlagert.)
Wo der Clash of Cultures Frauen- und damit Menschenrechte berührt, wird es brisant. Ist es wirklich »Respekt vor einer fremden Kultur«, wenn Gynäkologen in Frankreich oder Deutschland pharaonische Beschneidungen an aus dem Sudan (Ägypten, Kenia) stammenden kleinen Mädchen vornehmen? Und umgekehrt: Ist es wirklich »imperialistische amerikanische Arroganz«, wenn die USA in Saudi-Arabien im Rahmen des Militärbündnisses zwischen den beiden Nationen selbstverständlich auch weibliche Offiziere einsetzen, die dann gegebenenfalls auch saudische Männer kommandieren? Oder darf man erwarten, dass in diesem Fall die Rechte der Frauen auf militärischen Rang (auch in den USA erst jüngst erkämpft und wahrlich noch nicht hundertprozentig verankert) respektiert werden? Falls nein: müsste man dann nicht auch auf (deutsche, französische) Rassisten »Rücksicht nehmen«, die einen schwarzen Vorgesetzten halt leider nicht akzeptieren können, oder auf Antisemiten, die sich von einem Juden nichts anschaffen lassen wollen? (Um Missverständnissen vorzubeugen: Ich halte die Integration von Frauen ins Militär, also in eine zum Töten von Menschen geführte Institution, keineswegs für eine besonders begrüßenswerte emanzipatorische Errungenschaft – lieber wäre es mir selbstverständlich, wenn auch Männer nicht mehr zum Töten ausgebildet würden. Ich glaube auch nicht, dass die Integration von Frauen das Militär »humaner« macht, und das nicht erst seit Lynndie England. Die Erfahrung zeigt, dass Frauen, die in bestehende patriarchale Strukturen Einlass finden, sich perfekt anpassen. Nicht die Frauen verändern das System, sondern das System verändert die Frauen. Dennoch: solange eine Gesellschaft meint, sich eine gewisse Zahl von Bomberpiloten leisten zu müssen, muss dieser Beruf auch Frauen zugänglich sein.)
Erstaunlich oft wird kulturelle Eigenständigkeit anhand von überlieferter Frauenunterdrückung demonstriert, erstaunlich schnell ist man im Westen bereit, wenn schon nichts anderes, dann ausgerechnet diese Traditionen zu »respektieren«. Geht es ums Erdöl, ist man unnachgiebig – bei der Benachteiligung von Frauen kommt plötzlich »Toleranz« ins Spiel. Dass der Slogan »Frauen-

rechte sind Menschenrechte« überhaupt kreiert werden musste, ist eigentlich ein Witz. (Was sollen Frauenrechte denn sonst sein? Bestimmungen nach dem Tierschutzgesetz?) Ehrenmord, Genitalverstümmelung und Zwangsverheiratung sind keine romantischen Indizien für Familienzusammenhalt, sondern Menschenrechtsverletzungen. Nationale Gesetzgebungen, wonach im Fall einer Vergewaltigung nicht der Täter, sondern das Opfer ins Gefängnis zu werfen ist, sind kein Zeichen kultureller Eigenständigkeit, sondern eine Menschenrechtsverletzung. Wo immer Frauen von ihrem Recht auf Ausbildung, Arbeit, körperliche Unversehrtheit, sexuelle Integrität, ungehinderte Bewegung im öffentlichen Raum (einschließlich Autofahren), das Bekleiden politischer Ämter, die freie Wahl ihres Ehepartners, die Scheidung von demselben und dem Sorgerecht für ihre Kinder ausgeschlossen sind, handelt es sich um Menschenrechtsverletzungen. Wenn ich irgendetwas unbedingt globalisiert sehen möchte, dann ist es nicht Kentucky Fried Chicken oder Sushi, sondern Menschenrechte. (Und nein, ich bin nicht dafür, dass es erlaubt sein sollte, muslimische Mädchen, die in Österreich leben, vom Turnunterricht abzumelden. Jedes Kind hat das Recht auf die gesundheitlichen Vorteile, die ein regelmäßiger Turnunterricht nachweislich bringt. Das Recht auf eine allgemeine Schulbildung – und das inkludiert in unserem Kulturkreis nun mal auch Schwimmen, Eislaufen, Handball und so weiter – ist über die allgemeine Schulpflicht definiert und obliegt eben nicht privater Entscheidung. Ich kann auch nicht meinen Sohn vom Mathematikunterricht abmelden, weil ich der Meinung bin, dass Mathematik für Buben unzuträglich sei.)

Wie man Demokratie und Menschenrechten zum weltweiten Durchbruch verhelfen soll, ist allerdings eine schwierige Frage. Am extremen Ende des Spektrums liegt die militärische Gewalt. In der Geschichte haben wir einen überzeugenden Erfolg derselben vor Augen: die Eliminierung des Diktators Hitler und seines menschenverachtenden Systems durch militärisches Eingreifen von außen. Seither jedoch scheint der Einsatz von Truppen demokratischer und gleichzeitig militärisch starker Nationen (USA, England, Frankreich) sich nicht mehr bewährt zu haben. Auffallend sind dabei die veränderten Bewertungsstandards: einerseits sind wir für die gewaltsame Befreiung Europas selbstverständlich

dankbar, auf der anderen Seite wiegt die Dankbarkeit so schwer, dass selbst ein heikler Faktor wie die Bombardements deutscher, österreichischer und italienischer Städte kaum kritisiert wird, ungeachtet dessen, dass diese aus heutiger Sicht militärisch unnötig waren und weniger hochrangigen Nazis schadeten, die sich natürlich längst abgesetzt hatten, als vielmehr völlig unschuldigen Zivilpersonen wie Kindern (am allermeisten aber ausgerechnet den wenigen versteckten Juden, die sich natürlich nicht in die Luftschutzkeller flüchten konnten). Der Logik von Georg Bush und Tony Blair aber, die nach demselben Muster den Irak von seinem Diktator Saddam Hussein befreien wollten, können wir dennoch nicht folgen. Worin aber besteht der Unterschied? Schwer zu sagen. Als Dauerlösung wollen wir die Opferung unschuldiger Zivilisten, wie bei den Bombardierungen Bagdads, wohl doch nicht in Kauf nehmen. Der Aufstieg einer dominanten Macht, auch wenn sie demokratisch legitimiert ist, zur »Weltpolizei«, die mit Waffengewalt den Globus beherrscht, scheint als langfristige Strategie nicht tragbar. (UN-Truppen, die einem Gemetzel nur zusehen, aber nicht eingreifen dürfen, hinterlassen allerdings auch einen zynischen Eindruck.) Darüber hinaus gibt es aber auch Unterschiede im Verhalten der Besatzungstruppen von damals und heute, die dringend einer Untersuchung bedürften: Weshalb kommt es heute zu barbarischen Entgleisungen der Amerikaner wie etwa in Abu Ghraib, und weshalb ist es 1945 nicht dazu gekommen? Weshalb meinen die USA heute (anders als damals) im »Kampf gegen den Terror« ausgerechnet jene Prinzipien des internationalen Rechts, die sie angeblich verbreiten möchten, außer Kraft setzen zu dürfen – etwa indem sie in Guantánamo zu Willkür und Rechtsbruch regredieren?
Der militärische Einsatz in Afghanistan, die Befreiung von den Taliban werden bislang als Erfolg gehandelt. Nach kurzem Jubel zogen die Frauen die Burkas wieder an – für sie hat sich wenig geändert.

Mädchenbräute in Afghanistan, die mit zwölf, zehn, sieben Jahren von ihren Vätern an dreißig-, vierzig-, siebzigjährige Männer zwangsverheiratet werden. Wehren sie sich oder laufen sie davon, kommen nicht die Männer ins Gefängnis, sondern die Mädchen.

Heiratshandel in der EU mit Frauen aus ökonomisch benachteiligten Regionen der Welt, »wo sie noch nicht so emanzipiert und selbstständig sind.« Anspruchslos, gefügig, abhängig sollen sie sein – nicht Ehefrauen, sondern Sklavinnen.
Wenn ich irgendetwas globalisiert sehen möchte, dann Hochzeiten, bei denen die Frauen volljährig, aus freiem Willen und glücklich ihr Ja-Wort geben – ob in Weiß, Grün oder mit hennabemalten Händen.

Rainer Bauböck

DIE PARABEL VON DEN DOPPELTEN TÜREN

Sesam, öffne dich, ich will hinaus!
Stanislaw Lec

Das Recht auf Auswanderung ist ein allgemeines Menschenrecht. Aber es gibt kein korrespondierendes Recht auf Einwanderung und Niederlassung in anderen Staaten. Nur die Bürger des jeweiligen Staates haben ein unbedingtes Recht, von diesem aufgenommen zu werden. Für alle anderen Menschen hängt die Gelegenheit zur legalen Einwanderung von internationalen Vereinbarungen ab, von humanitären oder menschenrechtlichen Verpflichtungen und von wechselseitigen Interessen von Migranten und Aufnahmestaaten. Ein Beispiel für zwischenstaatliche Abkommen ist der Europäische Gemeinschaftsvertrag, dessen Artikel 18 das Recht auf Aufenthalt in anderen Mitgliedsstaaten für Unionsbürger festschreibt. Menschenrechtliche Ansprüche auf Aufnahme haben vor allem Flüchtlinge und Familienangehörige von Einheimischen und niedergelassenen Einwanderern. Staatliche Interessen bestimmen nicht nur die Einwanderung von »Gastarbeitern«, die Lücken am Arbeitsmarkt füllen, und Hochqualifizierten, die zur ökonomischen Entwicklung beitragen sollen, sondern auch die Bevorzugung von Immigranten, die als Angehörige einer Diaspora ein »Rückkehrrecht« in jenen Staat genießen, in dem ihre Kultur, Sprache oder Religion etabliert ist.
Ist es nicht inkonsequent einerseits zu behaupten, dass jeder Mensch das Recht hat, jedes Land zu verlassen, aber andererseits den Staaten das Recht einzuräumen, nach den gerade genannten

Kriterien zu entscheiden, wen sie aufnehmen? Stellen Sie sich ein Zimmer vor, das durch Doppeltüren mit mehreren angrenzenden Räumen verbunden ist. Sie haben einen Schlüssel, der alle Innentüren aufsperrt. Wenn aber alle Außentüren verschlossen sind und Ihr Schlüssel nicht passt, dann bleiben Sie eingesperrt. Es scheint also offensichtlich, dass ein allgemeines Menschenrecht auf Auswanderung ein Recht zur Aufnahme anderswo bedingt. Wer auswandern will, muss auch einwandern können.

Diese Schlussfolgerung wird von jenen zurückgewiesen, die das Auswanderungsrecht als rein negatives Freiheitsrecht auffassen. Nehmen wir an, in jedem Zimmer des Gebäudes gibt es einen Wächter, der die Aufgabe hat, für Ordnung zu sorgen. Wenn Auswanderung ein negatives Freiheitsrecht ist, dann ist der Wächter lediglich dazu verpflichtet, Ihnen den Schlüssel für die Innentüren auszuhändigen. Das wäre allerdings eine sehr formalistische Auslegung des Auswanderungsrechts, welche nicht berücksichtigt, warum dieses denn überhaupt so wichtig ist.

In liberaler Sicht hat Auswanderungsfreiheit sowohl intrinsischen als auch instrumentellen Wert. Ihr Eigenwert besteht darin, dass Bewegungsfreiheit ein wesentlicher Bestandteil unserer Auffassung dessen ist, was Freiheit ausmacht. Die extremste Version dieses Arguments wurde von Thomas Hobbes vertreten, der Freiheit auf Bewegungsfreiheit reduziert. Laut Hobbes ist Freiheit nichts anderes, als die Abwesenheit von äußeren Hindernissen. Der kanadische Philosoph Charles Taylor hat diese Ansicht treffend karikiert, indem er behauptete, dass dann Albanien unter Enver Hodscha eine vergleichsweise freie Gesellschaft gewesen war, da es dort viel weniger Verkehrsampeln gab als in westlichen Demokratien.[1] Diese Kritik an einem rein negativen Freiheitsbegriff ändert jedoch nichts daran, dass Bewegungsfreiheit jedenfalls eine notwendige Bedingung für individuelle Autonomie ist. Diese wird nicht nur durch Auswanderungsverbote (wie unter Enver Hodscha) beschränkt, sondern ebenso durch fehlende Einwanderungschancen.

---

1 Charles Taylor: What's Wrong with negative Liberty? In: Philosophy and the Human Sciences. Philosophical Papers, Vol. 2, Cambridge University Press 1985, S. 218

Das zweite Bündel von Argumenten bezieht sich auf den instrumentellen Wert der Auswanderungsfreiheit zur Sicherung der allgemeinen Bedingungen für Freiheit und Selbstbestimmung. Eine einflussreiche Version stammt vom politischen Ökonomen Albert O. Hirschman.[2] Er sieht Abwanderung und Widerspruch als alternative Mechanismen zur Korrektur von Fehlentwicklungen in Organisationen. Beide können dafür sorgen, dass Organisationen zur Sicherung des eigenen Erfolgs oder Überlebens die Bedürfnisse von Individuen berücksichtigen müssen. Abwanderung ist der dominierende Mechanismus in Märkten und Widerspruch jener in politischen Gemeinwesen. Für unzufriedene Kunden ist es weniger mühsam, das nächste Mal anderswo einzukaufen, als sich beim Kundenservice zu beschweren. Für unzufriedene Bürger einer Demokratie ist es jedoch weniger aufwändig, gegen die Regierung zu protestieren oder sie abzuwählen, als auszuwandern. Dennoch ist die Zuordnung der beiden Korrekturmechanismen nicht so eindeutig. Auswanderungsfreiheit erhöht auch in demokratischen Staaten die Responsivität von Regierungen gegenüber den Bürgern und autoritäre Regime können, wie der Zusammenbruch der DDR zeigt, durch massive Abwanderung zur Abdankung gezwungen werden.[3]

Sowohl die intrinsischen als auch die instrumentellen Vorzüge der Auswanderungsfreiheit hängen von realen Auswanderungschancen ab. Die schwierige Frage lautet, wie groß diese Chancen sein müssen, damit Abwanderung als frei gelten kann, und auf welche Staaten die entsprechenden Aufnahmepflichten fallen.

Lassen Sie mich die Parabel mit den doppelten Türen weiterspinnen, um dies zu klären. Die Wächter in allen Zimmern des Gebäudes wurden angewiesen, auf Verlangen jede beliebige Innentüre zu öffnen. Um aber in einen anderen Raum zu gelangen, müssen Sie an einer Außentüre klopfen. Wenn Sie Glück haben, wird Sie der Wächter des dahinterliegenden Raums hereinlassen. Aber er ist Ihnen gegenüber nicht in gleicher Weise verpflichtet

2 Albert O. Hirschman: Exit, Voice, and Loyalty, Harvard University Press, Cambridge, Mass. 1970

3 Albert O. Hirschman: Abwanderung, Widerspruch und das Schicksal der Deutschen Demokratischen Republik. In: Leviathan 20, 1992, S. 39–58

wie gegenüber den Bewohnern seines Zimmers. Er kann Ihnen daher eine einfache Frage stellen und Ihre Antwort wird darüber entscheiden, ob er die Türe für Sie öffnet: »Warum haben Sie gerade diese Türe gewählt, um ihr Zimmer zu verlassen, statt eine der anderen, die Sie ebenso benützen hätten können?«

Unter den vielen möglichen Antworten auf diese Frage möchte ich fünf herausgreifen: (1) »Weil der Wächter in meinem Zimmer ein notorischer Verbrecher ist. Als er schlief, konnte ich ihm den Schlüssel für diese eine Innentüre stehlen. Wenn Sie mir nicht aufmachen, könnte er mich umbringen.« (2) »Weil das Leben in meinem Zimmer unerträglich ist. Ich habe schon an alle anderen Türen geklopft und niemand hat geöffnet. Sie sind meine letzte Chance herauszukommen.« (3) »Weil Sie vor einiger Zeit meine Ehefrau aufgenommen haben und wir jetzt wieder zusammen leben wollen.« (4) »Weil ich begabt, fleißig und gut ausgebildet bin. Ich könnte Ihnen helfen, Ihr Zimmer zu verschönern.« (5) »Weil mir gesagt wurde, dass Ihr Zimmer viel schöner ist als jenes, in dem ich bisher gelebt habe. Daher würde ich gerne bei Ihnen wohnen.«

Ich habe diese Antworten nicht danach geordnet, wie wahrscheinlich es ist, dass der Wächter Ihnen die Türe öffnen wird (in dieser Hinsicht wäre das vierte Argument das stärkste), sondern nach dem abnehmenden moralischen Gewicht der Gründe, die Sie ihm nennen. In einer realistischen Sicht handeln Staaten nie aus moralischen Gründen, sondern immer in der Verfolgung eigener Interessen. Die Philosophie der Menschenrechte erfordert jedoch die Annahme, dass Staaten dennoch Träger moralischer Pflichten sind. Gäbe es mit Zwangsgewalt ausgestattete globale Institutionen, die – anders als der Sicherheitsrat der Vereinten Nationen – von der Willkür einzelner Staaten unabhängig wären, so hätten alle Staaten ein alleine auf die Vermeidung von Sanktionen gerichtetes Eigeninteresse, Menschenrechte zu respektieren. Da es keine solche Einrichtung gibt, kann sich deren Anspruch auf *allgemeine* Geltung eben nur auf moralische Argumente stützen, deren Adressaten souveräne Staaten sind.

Das gilt auch für das Menschenrecht auf Auswanderung. Wenn und solange es kein allgemeines Recht auf Einwanderung gibt, haben Staaten starke moralische Pflichten, die Auswanderung jener zu ermöglichen, die unter staatlicher Verfolgung leiden oder auch nur mangelnden staatlichen Schutz vor Gewalt genießen, welche von anderen organisierten Kräften (etwa von Bürgerkriegsmilizen) ausgeübt wird. Das Gewaltmonopol des Staates ist alleine dadurch gerechtfertigt, dass es die Bürger vor Gewalt schützt. Das Auswanderungsrecht bürdet anderen Staaten zumindest die Pflicht auf, ihre eigene Legitimität nicht dadurch in Frage zu stellen, dass sie der Unterdrückung in anderen Staaten Vorschub leisten. Das ist der Sinn des Zurückweisungsverbots der Genfer Flüchtlingskonvention.[4] Wenn der Wächter die erste Antwort nicht als guten Aufnahmegrund anerkennt, so wird er zum Komplizen des Verbrechers im anderen Zimmer.

Aus dieser Antwort geht auch klar hervor, welcher Staat die Pflicht hat, den Schutzsuchenden aufzunehmen. In der Realität ist das allerdings nicht immer so eindeutig, weil es für Flüchtlinge oft viele mögliche Aufnahmestaaten gibt. Die Regel, dass der erste potenziell schutzbietende Staat auf der Fluchtroute zuständig ist, führt im Fall massiver Fluchtbewegungen zu einer höchst ungerechten Verteilung der Aufnahmepflichten und -lasten zwischen den Staaten. Warum sollten nicht andere Faktoren wie wirtschaftlicher Wohlstand, kulturelle Nähe oder die Beteiligung eines Staates an der Krise im Herkunftsland (etwa als ehemalige Kolonialmacht oder Waffenlieferant) eine Rolle spielen? Das Dubliner Abkommen aus dem Jahr 1990 klärt die Zuständigkeit für die Prüfung eines Asylantrags in der EU. Es ermöglicht die Zuweisung an einen anderen Staat als jenen, in dem der Erstantrag gestellt wurde, unter anderem aufgrund familiärer Beziehungen zu einem dort anerkannten Flüchtling, aufgrund eines Aufenthaltstitels für diesen Staat oder – auf freiwilliger Basis – auch aufgrund kultureller Bindungen zu diesem Land.

Die Alternative zu diesen eher halbherzigen Regelungen wäre ein umfassendes Regime der »Lastenteilung« zwischen potenziellen Aufnahmestaaten. Dazu konnte sich die Europäische Union nicht einmal für die Kriegsflüchtlinge aus dem zerfallenden Jugoslawien aufraffen. Eine solche Lösung hätte allerdings auch Nach-

---

4 Siehe Artikel 33 (Refoulement-Verbot) der Genfer Konvention über die Rechtsstellung von Flüchtlingen aus dem Jahr 1951

teile: Sie stigmatisiert Flüchtlinge als Lasten, die einem Staat von einem internationalen Regime auferlegt werden, statt als Schutzsuchende, denen ein Land von sich aus sicheren Aufenthalt und die Option auf Staatsbürgerschaft anbietet. Damit würde sich der innenpolitische Druck auf die beteiligten Regierungen verstärken, Kontingente möglichst niedrig anzusetzen. Zweitens könnte die Lastenteilung auch eine Einschränkung der zukünftigen Bewegungsfreiheit begründen, wenn Flüchtlinge dann auf der Suche nach Arbeit in andere Staaten weiterwandern wollen, die ihre Aufnahmequote bereits erfüllt haben.[5] In einer Welt souveräner Staaten sollte die dringend notwendige internationale Koordination in der Flüchtlingsaufnahme daher nicht die Selbstverpflichtung jedes einzelnen Staates schwächen, jenen Asylsuchenden Schutz zu bieten, die vor seiner Türe stehen.

Auch die zweite Antwort appelliert an humanitäre Pflichten von Staaten, deren Bürger in Freiheit und relativem Wohlstand leben, gegenüber Menschen, die in der Lotterie der Geburt ein schlechteres Los gezogen haben. Das Problem der Identifizierung des für jeden potenziellen Auswanderer zuständigen Staates wird hier allerdings noch durch die vorgelagerte Frage verschärft, ob denn Auswanderung überhaupt ein geeignetes Mittel zur Besserung der Lage im Herkunftsland ist. Manche argumentieren, dass die am stärksten Benachteiligten in den Ländern des Südens nicht die notwendigen Ressourcen an Bildung und Geld besitzen um auswandern zu können und dass die Abwanderung der besser Ausgebildeten die ökonomische Entwicklung zusätzlich verzögere. Andere betonen wiederum den Nutzen durch Rücküberweisungen aus den Einwanderungsländern, welche die offizielle Entwicklungshilfe um ein Vielfaches übersteigen. Somit könnte der Verlust durch »brain drain« ausgeglichen werden.

Gegenüber dem einzelnen Armutsflüchtling, der keine legalen Einwanderungsoptionen findet, ist der Hinweis, dass Auswanderung die Entwicklung der Herkunftsländer verzögere, jedenfalls eine reichlich zynische Ausrede. Sie gleicht dem Mitte der 1990er-Jahre oft gehörten Argument, dass die Aufnahme von

---

5 Dieses Problem taucht auch bei der Zuweisung von Flüchtlingen zu bestimmten Gemeinden innerhalb eines Staates auf.

Kriegsflüchtlingen aus Bosnien die ethnischen Säuberungen begünstige. Inzwischen bewirkt das wohlverstandene Eigeninteresse der westlichen Demokratien eine zunehmende Bereitschaft zum selektiven humanitären Eingreifen in jene Krisen, deren Flüchtlinge an ihre Türen klopfen könnten. Das Problem der globalen Armut ist jedoch weder durch Öffnung der Grenzen noch durch die bisherigen Instrumente der Entwicklungspolitik zu lösen. Es konfrontiert die westlichen Staaten mit wachsender illegaler Einwanderung. Deren Bekämpfung durch Zäune, Patrouillenboote und Überwachungstechnologien schafft erst die Bedingungen, unter denen Armutsflüchtlinge auf kriminelle Schlepper angewiesen sind, steigert zumindest indirekt die Zahl der Todesopfer und verhindert dennoch nicht die Ausbreitung einer Schattenwirtschaft, die von der Ausbeutung irregulärer Migranten lebt. Die Sanierung solcher Verhältnisse durch Amnestien zieht wiederum neue irreguläre Immigration an.
Aus diesem Dilemma gibt es keinen einfachen Ausweg. Abschottung ist jedenfalls keine vertretbare Antwort. Daher bleibt nur der Versuch, einerseits Kanäle für legale Einwanderung zu erweitern und andererseits den Auswanderungsdruck in den Herkunftsregionen zu reduzieren. Was soll der Wächter also auf die zweite Antwort erwidern? Er könnte sagen: »Ich weiß, dass kein anderer Wächter Sie hereinlassen wird. Aber wenn ich Sie hereinlasse, dann werden alle anderen, die in derselben Lage sind wie Sie, an meiner Türe klopfen. Ich werde Sie jedoch auf eine Warteliste setzen. Lassen Sie mich inzwischen mit den anderen Wächtern reden, wie viele jeder von uns aufnehmen kann und wie wir gemeinsam die Situation in Ihrem Zimmer erträglicher gestalten könnten.«
Die dritte Antwort sollte im Vergleich zu den harten Dilemmata der zweiten und ersten weniger Probleme aufwerfen. Familienzusammenführung scheint im Vergleich zur Flucht vor Verfolgung und Armut ein weniger dringendes menschliches Bedürfnis. Eine solche Abwägung zwischen unvergleichbaren Gütern ist jedoch ebenso problematisch wie die alte Frage, ob das Recht auf Leben Vorrang vor dem Anspruch auf Freiheit hat. Das Zusammenleben von Ehepartnern und von Kindern und Eltern ist jedenfalls ein grundlegendes Menschenrecht. Und die Zuordnung der entspre-

chenden Staatenpflichten ist in diesem Fall auch kein Problem. Der Wächter kann nicht erwidern, dass Sie ihre Ehefrau doch in einem anderen Zimmer suchen sollen. Ihr Verlangen auf Aufnahme stützt sich ja nicht nur auf ihren eigenen Wunsch als Fremder, sondern auch auf das Recht Ihrer Frau als Bewohnerin des Zimmers, in das Sie Einlass begehren.

Der Wächter könnte allerdings den Spieß umkehren und entgegnen: »Ich anerkenne Ihr Recht auf Familienzusammenführung. Aber warum soll diese ausgerechnet in meinem Zimmer erfolgen und nicht in Ihrem? Wie Sie wissen, bin ich jederzeit bereit, Ihre Ehefrau ausreisen zu lassen.« Was könnten Sie darauf antworten? »Die Freiheit auszuwandern, setzt das Recht voraus, dort zu bleiben, wo man zu Hause ist. Ich war über mehrere Jahre von meiner Frau getrennt. Sie hat in Ihrem Zimmer Arbeit und Unterkunft gefunden und ist jetzt dort zu Hause. Sie zwingen sie, zwischen dem Recht auf Familienleben und jenem auf Niederlassung zu wählen, obwohl diese beiden Ansprüche ohne weiteres vereinbar sind. Ich verzichte nämlich freiwillig auf mein Recht zu bleiben und will auswandern, um mein Recht auf Familienleben wahrzunehmen.« Der Wächter könnte allenfalls noch erwidern, dass eine großzügige Auslegung des Rechts auf Familienzusammenführung dazu einlade, Scheinehen zum Zweck der Einwanderung zu schließen und er daher ein paar Fragen zu Ihrer Ehe stellen müsse. Aber er sollte akzeptieren, dass Niederlassung im Einwanderungsland tatsächlich ein subjektives Recht auf Familienzusammenführung in *diesem* Staat begründet.

Die vierte Antwort wirft noch weniger Schwierigkeiten auf als die dritte. Wenn Einwanderung auf einem freiwilligen Vertrag zwischen einem Staat und einem Migranten beruht, der aus beider Sicht vorteilhaft ist, was sollte es dann für Einwände dagegen geben? Vielleicht jenen, dass der Staat in dieser Frage nicht die Präferenzen seiner Bürger vertritt, die fast immer und fast überall weniger Einwanderung wollen, als es gerade gibt. Das ist ein Problem für jene Auffassungen von Demokratie, die in ihr nichts weiter als ein Verfahren sehen, welches die vorgefassten Meinungen der Bürger zu Mehrheitsbeschlüssen addiert. Eine andere Ansicht versteht Demokratie dagegen als einen deliberativen Prozess, in dem Argumente ausgetauscht werden und egoistische Präferenzen zugunsten des Gemeinwohls verändert werden können. Noch zwei Anmerkungen zum an und für sich unproblematischen Prinzip der Zulassung von Einwanderung zum wechselseitigen Nutzen: Erstens wäre es falsch, Migration generell nach diesem Grundsatz zu gestalten. Die gängige Vorstellung, dass jeder Staat das Recht hat, sich seine Einwanderer nach Gutdünken auszusuchen, beruht auf einer vorschnellen Verallgemeinerung des Modells freiwilliger ökonomisch motivierter Migration und hat für die Aufnahme von Flüchtlingen oder für den Familiennachzug keinerlei moralische Plausibilität. Zweitens hat der Einwanderungsvertrag auch für ökonomische Migranten eine begrenzte Laufzeit. Der Wächter kann beim Öffnen der Türe sagen: »Kommen Sie herein, aber wenn Sie Ihre Arbeit erledigt haben und bezahlt worden sind, müssen Sie wieder gehen.« Selbst wenn Sie damit einverstanden sind, so kann dieser Vertrag Sie nicht auf unbestimmte Zeit binden. Denn wenn Sie lange Jahre beschäftigt worden sind und vielleicht auch Ihren Ehepartner nachgeholt haben, dann erwerben Sie ein Bleiberecht, das vom ursprünglichen Zweck Ihrer Einreise unabhängig ist. Das gilt übrigens auch für lange niedergelassene Flüchtlinge, wenn sich die Verhältnisse im Herkunftsland bessern und eine Rückkehr prinzipiell möglich wäre. Auch in diesen Fällen setzt nämlich die Auswanderungsoption ein Bleiberecht voraus, ohne welches sich Freiheit in Zwang verwandelt. Wenn Staaten daher Gastarbeiter aufnehmen, weil sie sich davon kurzfristigen Nutzen versprechen, so sollten sie berücksichtigen, dass auch aus Gästen neue Bürger werden können.

Im Vergleich zu den anderen vier Antworten scheint die fünfte geradezu fadenscheinig. Doch sie ist nicht ohne jedes moralische Gewicht. Wer das Auswanderungsrecht nicht nur als ein Mittel zur Befriedigung elementarer menschlicher Bedürfnisse nach Schutz vor Gewalt, Familienleben und Arbeit begreift, sondern auch als Freiheit im weitesten Sinn des Wortes, muss selbst einem völlig unbegründeten Wunsch nach Besuch eines anderen Landes in gewisser Weise Rechnung tragen. Immanuel Kant hat in seinem Essay »Zum ewigen Frieden« aus dem Jahr 1795 ein Weltbürgerrecht auf Hospitalität postuliert. Damit meint er »das Recht eines Fremdlings, seiner Ankunft auf dem Boden eines andern wegen, von diesem nicht feindselig behandelt zu werden. Dieser kann ihn abweisen, wenn es ohne seinen Untergang geschehen kann; so lange er aber auf seinem Platz sich friedlich verhält, ihm nicht feindlich begegnen. Es ist kein Gastrecht, worauf dieser Anspruch machen kann ..., sondern ein Besuchsrecht, welches allen Menschen zusteht«.[6] Kant stützt dieses Recht auf die metaphysische Annahme, dass die Oberfläche der Erde Gemeinbesitz der gesamten Menschheit sei, sodass »ursprünglich aber niemand an einem Orte der Erde zu sein mehr Recht hat, als der andere«.[7] Wir könnten ein solches Recht auf zeitlich begrenzten Besuch (nicht jedoch auf Niederlassung) jedoch auch damit begründen, dass eine positive Auswanderungsfreiheit mentale Mobilität voraussetzt. Für Menschen, die niemals ihr Land verlassen konnten und daher keine unmittelbare Erfahrung haben, wie man anderswo lebt, sind die Möglichkeiten für freiwillige Emigration eingeschränkt, weil sie die Alternativen des Gehens und Bleibens nicht realistisch gegeneinander abwägen können. Solche Argumente sprechen für den Abbau von Visaschranken, welche den Bürgern der ärmeren Staaten sogar den Zutritt als Besucher verwehren. Die praktischen Schwierigkeiten, zwischen der fünften und der zweiten Antwort zu unterscheiden und durchzusetzen, dass der Gast sich nicht auf Dauer niederlässt, sollen dabei nicht in Frage gestellt werden.

Ich denke, dass die fünf Antworten auf die Frage des Wächters die ethischen Herausforderungen und Schranken für Einwanderungspolitik in unserer heutigen Welt ganz gut beschreiben. Ich habe diese hier aus dem Menschenrecht auf Auswanderung abgeleitet. Die Parabel der doppelten Türen dient genau diesem Zweck, das asymmetrische Verhältnis zwischen der allgemeinen Freiheit auf Auswanderung und den begrenzten und spezifischen Rechten auf Einwanderung zu klären. Wir könnten uns allerdings auch andere Welten vorstellen. Zum Beispiel eine, in der die Zimmer eher Provinzen als Staaten darstellen. Oder eine, in der sie die Mitglieder eines Staatenbundes repräsentieren, welche beschlossen haben,

---

6 Immanuel Kant: Zum ewigen Frieden, Reclam, Stuttgart 1795/1984, S. 21

7 Ebenda

ihre Grenzen innerhalb des Bundes zu öffnen. In einem solchen Gebäude gäbe es noch immer Wände und Wächter, die jeweils innerhalb eines bestimmten Zimmers für Ordnung zu sorgen hätten. Aber jeder Bewohner des Hauses hätte das gleiche Recht ein Zimmer zu verlassen wie ein anderes zu betreten. Eine solche symmetrische Bewegungsfreiheit ist keine utopische Vision, sondern Realität innerhalb jedes demokratischen Flächenstaates und ein erklärtes Ziel der Europäischen Union.

Die Utopie einer Welt mit offenen Grenzen, in der Menschen sich ebenso frei bewegen können wie Information, Waren und Kapital, ist als Möglichkeit im demokratischen Staatenbund vorgezeichnet. Sie würde nicht das Ende staatlicher Autonomie oder demokratischer Selbstbestimmung bedeuten. Wenn es gelänge, weltweit Bedingungen für die Verwirklichung dieser Utopie zu schaffen, dann gäbe es auch keine Massenwanderungen, welche die ökonomische Stabilität und kulturelle und politische Kontinuität der Ein- und Auswanderungsländer bedrohen könnte.

Diese Bedingungen gibt es heute allerdings nicht. Und sie können angesichts des krassen globalen Wohlstandsgefälles auch nicht durch eine Öffnung der Grenzen erreicht werden, welche die Fähigkeit von Staaten lähmen würde, den Kräften des Marktes entgegenzusteuern und soziale Mindeststandards innerhalb der jeweiligen Gesellschaft zu sichern. Es bleibt daher das Dilemma, dass das Fehlen eines Menschenrechts auf Einwanderung einerseits Ausdruck einer im höchsten Maße ungerechten Weltordnung ist, dass aber andererseits offene Grenzen die begrenzten politischen Ressourcen zur Gestaltung gerechterer Gesellschaften vernichten könnten. Eine neoliberale Denkschule, prominent vertreten vom Wall Street Journal, tritt gerade aus diesen Gründen für offene Grenzen als Mittel des globalen Chancenausgleichs ein. Plausibler scheint es mir jedoch, globale Chancengerechtigkeit umgekehrt als Bedingung für die Verwirklichung der Utopie offener Grenzen zu begreifen.

Die Geschichte von den doppelten Türen beschreibt die besonderen Pflichten souveräner Staaten gegenüber Einwanderern. Um die Grenzen der Gerechtigkeit in dieser Welt staatlicher Grenzen zu begreifen, könnten wir auch eine andere Version dieser Geschichte erzählen. In Franz Kafkas Parabel »Vor dem Gesetz«

wartet ein Mann bis zu seinem Tode auf Einlass zum Gesetz. Kurz bevor er stirbt, eröffnet der Türhüter ihm, dass dieses Tor nur für ihn bestimmt war und jetzt geschlossen werde. Über dem Tor zum Gesetz könnte auch stehen: »Jeder Mensch hat das Recht, jedes Land, einschließlich seines eigenen, zu verlassen«.[8] Und der Türhüter könnte der europäische Grenzpolizist sein, der einen ertrinkenden Migranten aus dem Mittelmeer fischt.

8 Art. 13 der Allgemeinen Erklärung der Menschenrechte aus dem Jahr 1948 und Art. 12 des Weltpakts für bürgerliche und politische Rechte aus dem Jahr 1966

Norbert Bolz

DER MARKTFRIEDE DER WELTGESELLSCHAFT

Der Kapitalismus hat als Exorzismus des »ganzen Menschen« die großartige Kulturleistung erbracht, die Leidenschaften und ihre Ungewissheiten in den Griff zu bekommen. Im System des kapitalistischen Wirtschaftens wurden die Menschen leidenschaftsloser, trockener und berechenbarer – man könnte sagen: Sie wurden auf Zivilisationstemperatur gebracht. Und genau das hat ihm der Sentimentalismus der Entfremdungskritiker seither zum Vorwurf gemacht.

Bei Lichte betrachtet entsteht die soziale Kälte aber nicht durch das Prinzip des Kapitalismus, sondern durch die für sein Funktionieren erforderliche formale Organisation, also die Notwendigkeit, soziale Kooperation in großem Maßstab zu organisieren. Formale Organisation ist in der modernen Gesellschaft genauso unvermeidlich wie unmenschlich; sie ist eins mit dem Verlust des Lebens in kleinen Gruppen.

Der »ganze Mensch« trifft dann im Regelfall nur noch auf die unsympathische Außenseite der operativen Schließung des politischen und ökonomischen Systems. An der Bürokratie erfährt er das »unmenschliche« Geheimnis alles modernen Funktionierens: die Desanthropomorphisierung der sozialen Systeme. Schon Rousseau hatte ja diese fundamentale Leistung sozialer Institutionen erkannt: *dénaturer l'homme.* Seither trifft man nur noch auf Ämter und Fremde. Und nur wer das zu schätzen weiß, kann die moderne Gesellschaft als den Fortschritt erfahren, den als Verlust der Menschlichkeit zu denunzieren zu den Urbeständen der Rhetorik der Reaktion gehört. Die Buntheit des Pluralismus gibt es nur durch die Fremdheit eines jeden: universale Andersheit.

Man kann aus der Geschichte lernen: keine Demokratie ohne Marktsystem. Daraus folgt nicht die zynische Empfehlung, die Moral durch den Marktmechanismus zu ersetzen. Vielmehr geht es darum, Moral nicht ethisch, sondern ökonomisch zu begründen – nämlich aus der Evolution der Kooperation. Es ist intelligent, nett zu sein. Wer dagegen Erfolg sucht, indem er die Dummheit der anderen ausnutzt, zerstört damit die Umwelt, in der er Erfolg haben kann. Je komplexer das Wirtschaftssystem, umso mehr hängt der eigene Erfolg vom Erfolg des anderen ab.

Wer die Dinge so sieht, wird nicht mehr versuchen, den westlichen Universalismus der Menschenrechte zu exportieren, sondern die »Risikostaaten« mit dem konsumistischen Virus zu infizieren. Deshalb ist es richtig, Wirtschaftsbeziehungen auch mit denen zu pflegen, die unseren ethischen Standards nicht entsprechen. Der pragmatische Kosmopolitismus ist konkret Konsumismus. Wir plädieren also, Sombart vom Kopf auf die Füße stellend, für die Händler und gegen die Helden – man könnte auch sagen: für Konsumbürgerlichkeit.

Der Kampf um Anerkennung wandelt sich unter Bedingungen des Marktsystems zur Konkurrenz um einen Dritten, nämlich den Kunden. Das bringt auch sozialpsychologisch zahlreiche Vorteile. Erst die moderne Wirtschaft ermöglicht nämlich die Bewährung der Tüchtigkeit auf dem Feld der Pleonexie. Wirtschaftlicher Erfolg zeigt so einen Ausweg aus der Dialektik der Anerkennung – er kompensiert den Mangel an Achtung. Und auch der moderne Konsum ist eine liberale, unblutige Form sich Anerkennung zu verschaffen.

Die Friedlichkeit der Existenz, die vom Markt ausgeht, setzt universale Geldwirtschaft voraus. Unter diesen Bedingungen ist aber nur ein einziger Lebensstil massendemokratisch möglich, nämlich der Konsumismus. Die Apologie dieses Lebensstils muss nicht die Augen verschließen vor den Folgelasten der Modernisierung, den Ausschlussmechanismen unserer westlichen Rationalität und den Schicksalen der Globalisierungsopfer. Auch die immanenten Schwächen des konsumistischen Lebensstils, der vom *pursuit of happiness* nur den »happiness of pursuit« übrig lässt, liegen seit langem offen zutage. Heute wäre es aber an der Zeit, die Stärke in diesen Schwächen zu erkennen. Der Konsumismus verspricht

weder das Ziel noch das Ende der Geschichte, sondern nur das immer wieder Neue.
Im befriedeten Inneren der Weltgesellschaft findet das pazifistische Maximum, nämlich das christliche Gebot den Feind zu lieben, seine einzig mögliche, indirekte Erfüllung – im Marktfrieden. Auf dem Markt reflektieren Konkurrenten auf ihre Tauschchancen, das heißt konkret: Sie orientieren ihre Angebote an dem potenziellen Handeln unbestimmt vieler mitkonkurrierender Tauschinteressenten. Diese Marktbeziehung der Menschen ist radikal unpersönlich, rein sachlich – und gerade deshalb die Geburtsstätte gesellschaftlicher Vernunft.
Max Weber hat sehr schön gezeigt, dass der Markt ursprünglich eine Vergesellschaftung mit Feinden ist. Liebe Deine Feinde – das war und bleibt *à la lettre* genommen zwar ein unerfüllbarer Anspruch. Doch die List der Wirtschaftsvernunft hat eine Entparadoxierung dieser Zumutung gefunden: Tausche mit Deinen Feinden! Gesellschaftliche Vernunft, Friede und – immerhin: formale – Freiheit entstehen also gerade aus dem Gegensatz der persönlichen Verbrüderung. Der Tausch mit den Feinden emanzipiert die Menschen aus den traditionalen Strukturformen sozialer Beziehungen. Man könnte also von einer Menschwerdung des Menschen auf dem Markt sprechen. Und eben das ist Zivilisation: Der Feind wird zum Konkurrenten, und die Brüderlichkeit löst sich in Kundschaftsverhältnisse auf.
Die kühle Rationalität des Marktverkehrs ist also das genaue Gegenteil persönlicher Verbrüderung. Der Markt ist ursprünglich kein Schauplatz der Brüderlichkeit, sondern eine Vergesellschaftung mit Feinden. Und auch in Zukunft werden uns auf dem Weltmarkt keine Brüder, sondern »Andere« erwarten – allen Parolen von Fair Trade, Solidarität mit der Dritten Welt und OneWorld zum Trotz. Es ist nun aber gerade ein entscheidender kultureller Effekt der Marktvergesellschaftung, dass uns die anderen vertrauter und die Brüder fremder geworden sind. Der fremde andere wird kreditwürdig – aber der eigene Bruder muss jetzt auch Zinsen zahlen. Alle Menschen sind unsere »Brüder« im Geist des Kapitalismus geworden, sofern wir sie alle gleichermaßen als »Andere« behandeln. Unsere Kultur hat sich aus der Stammesgemeinschaft von Brüdern zu einer Gesellschaft universaler »Andersheit« ent-

wickelt. Um den bekannten antirassistischen Slogan zu variieren: Wir sind alle andere – fast überall.

Der Handel als Antonym der Gewalt – das ist seit Montesquieu die Utopie der bürgerlichen Gesellschaft *in nuce*. Der einfache Grundgedanke lautet: Nationen, die miteinander Handel treiben, machen sich voneinander abhängig, und das führt zum Frieden. Es geht hier um die Ermäßigung des Kampfs ums Dasein zu einem unblutigen Kampf um Anerkennung, ähnlich wie im Sport. Die Bedingung dafür ist aber, dass Politik in Ethik und Ökonomie zerfällt. Der politische Feind verwandelt sich in den ökonomischen Konkurrenten einerseits und in den ethischen Diskussionsgegner andererseits. Der Kampf, der die Herren von den Knechten unterscheidet, wandelt sich zur Konkurrenz um einen Dritten. Der Konsument ist dieser Dritte der Konkurrenz. Im modernen Wettbewerb nimmt der Kampf aller gegen alle die Form eines Kampfs aller um alle an. Und das ist für unser Thema nun von außerordentlicher Bedeutung. Denn Konsum ist das genaue Gegenteil von Gewalt: die liberale, unblutige Form sich Anerkennung durch sichtbaren Erfolg zu verschaffen. In der Zeit der Händler werden die Helden anachronistisch.
Wenn, wie Soziologen meinen, der Begriff der Feindschaft nur in segmentären Gesellschaften Sinn macht, dann sprengt das ökonomische Denken genau diesen Tribalismus. An die Stelle der lebensorientierenden und überlebenssichernden Unterscheidung von Bruder und Fremdem, Freund und Feind tritt die neue Seinsweise der universalen Andersheit als kapitalistische Lebensform. Der andere ist ein Bruder, und der Bruder ist auch nur ein anderer. Rechenhaftigkeit und Wettbewerb können nun ungehindert in die Gemeinschaft eindringen. Das schwächt die Gefühlsbindung durch die konsequente Monetarisierung der menschlichen Beziehungen – aber es schwächt eben auch die Feindseligkeit. Universale Andersheit macht jede Freund-Feind-Unterscheidung unmöglich. Diese Welt ist – mit Max Webers Lieblingsvokabel – temperiert, und heiße Herzen empfinden sie als zu kalt. Doch heiße Herzen denken schlecht. Sie begreifen nicht, dass wir den Frieden genauso wie die Freiheit gerade der Entfremdung verdanken.

Nachdem sich die Kapitalismuskritik in die soziologischen Bibliotheken zurückgezogen hat, können wir besser erkennen, dass genau das, was die guten Seelen und heißen Herzen der modernen Geldwirtschaft vorwerfen, ihre eigentliche Kulturleistung ist. Geld entlastet die Gesellschaft von Menschlichkeiten wie Hass und Gewalt. Man kann leicht zeigen, dass sich Zivilität und Urbanität unserer Kultur der Geldwirtschaft verdanken. Wo Geld die Welt regiert, bleibt uns der Terror von nackter Faust und guter Gesinnung erspart. So könnte ein Wirtschaftsliberaler mit guten Gründen argumentieren, dass das weltweite Netzwerk der viel bescholtenen multinationalen Konzerne mehr für den Weltfrieden tut als die Vereinten Nationen. Bekanntlich hat die US-Regierung auf Kosten der Steuerzahler ein Netzwerk von Abfüllstationen rund um die Welt installieren lassen, damit sich die GIs im Zweiten Weltkrieg stets mit Coca Cola erfrischen konnten. Danach war es für Coke natürlich leicht, die Weltherrschaft auf dem Sodamarkt anzutreten. Und das Coke-Netzwerk tut mehr für die Verwestlichung der Welt als es die Präsenz amerikanischer Truppen je könnte.
Wo Geld die Welt regiert, herrschen eben nicht: fanatische Ideologie und blutige Gewalt. Die monetarisierte Habsucht zähmt die anderen Leidenschaften. Auf die Liebe zum Geld ist Verlass – hier entfaltet sich ein ruhiges Begehren nach Reichtum. Das autonome Kreisen des Geldes entlastet uns in verschiedenster Weise. Es funktioniert wie ein Medium. Man könnte auch sagen: Geld ist eine Macht ohne Eigenschaften. Und nur weil unsere Wirtschaft von einer eigenschaftslosen Macht geprägt wird, kann sie sich als offenes System entwickeln.

Geld definiert die ökonomischen Rahmenbedingungen unseres Lebens vor allem durch Ausschließungen, und diese Ausschließungen wirken entlastend. Geld heißt eben: nicht Gewalt. Wir prügeln uns nicht um die letzten freien Plätze an der Sonne, sondern manche zahlen, andere können oder wollen eben nicht zahlen. Und dieser Code Zahlen/Nichtzahlen heißt eben auch: nicht Moral. Nicht der bekommt ein Häuschen im Grünen, der es (womöglich nach lebenslangem Malochen) »verdient« hat, sondern der, der zahlen kann. Und jeder wird zugeben müssen: das ist gut so. Gerade die Unpersönlichkeit und Neutralität des Geldes entlastet unser Leben.

Der Umgang mit Geld ist die beste Schule für den Umgang mit knappen Ressourcen. Dass es so etwas wie eine Gesellschaft überhaupt geben kann, setzt voraus, dass sich die Menschen über den Zugriff auf das, was knapp ist, verständigen. Zugleich stabilisiert sich das Gesellschaftssystem immer wieder über die Erwartung von Knappheiten. Wir können immer davon ausgehen, dass das, was zählt, nicht im Überfluss vorhanden ist. Nun lehrt uns Bürger der westlichen Welt schon der Augenschein, dass das, was knapp ist, doch zugleich im Überfluss vorhanden ist: etwa Bentleys in Wolfsburg – nur nicht für mich. Wohnungen sind extrem knapp, und doch werden tausende in den Immobilienanzeigen angeboten. Umgekehrt erzeugt die Produktion von Überfluss Knappheit – knapp nämlich wird dann die Nachfrage. Seit Jahrzehnten bezahlt man EU-Bauern dafür, Felder brach liegen zu lassen.

Der Grundgedanke ist also sehr einfach: Auch das, was im Überfluss vorhanden scheint, wird knapp, wenn ein anderer darauf zugreift. Durch den Zugriff des anderen, der zahlt, wird mir erst erkennbar, dass es sich hier um eine Ressource handelt. Und Ressourcen sind immer knapp; heute bemerken wir das sogar bei Luft und Wasser. Nun kommt es bei derartigen Zugriffen nicht mehr zu Mord und Totschlag. Warum? Offenbar darf der andere zugreifen, weil er zahlt. Der prüde Hauseigentümer akzeptiert den Pornoshop in seiner Ladenzeile, der rassistische Oberbürgermeister den Araber im Westend – weil er zahlt. Indem ich zahle, verwandele ich alle anderen in Zuschauer des Geldzaubers. Anders gesagt: Alle anderen Menschen versinken im Akt dieser meiner Zahlung in eine wohltuende Neutralität. Denn für Verkäufer, Käufer und Zuschauer der wirtschaftlichen Transaktionen gilt, dass sie den jeweils anderen nicht mehr als »Individuum« behandeln müssen. Das erleichtert das soziale Leben.

Die Märkte der westlichen Welt sind viel zu komplex und raffiniert geworden, als dass man sie noch »ökonomisch« im Stil der Betriebswirtschaftslehre verstehen könnte. Wenn die Menschen nur einkaufen gehen würden, weil sie etwas *brauchen*, und wenn sie nur kaufen würden, *was* sie brauchen, wäre die kapitalistische Wirtschaft längst zusammengebrochen. Auf den Märkten der westlichen Welt wird also um Kunden konkurriert, die im Grunde schon alles haben, was sie brauchen. Man kann es auch so sagen: Das Bedürfnis des Kunden ist zur knappen Ressource geworden. In der Wirtschaft des 21. Jahrhunderts schafft das Angebot die Nachfrage. Deshalb müssen Marketing und Werbung durch die Erfindung von künstlichen Bedürfnissen bei den Kunden eine Wunschspirale in Gang setzen. Mit anderen Worten: Das Marketing interpretiert das Begehren des Kunden; und letztlich ist der Wunsch des Kunden nichts anderes als diese Interpretation. Demgegenüber ist das, was die Menschen selbst über ihr Begehren meinen, allenfalls ein Symptom ihres Begehrens.

Der Mensch ist das verführbare Wesen; er hat keine Instinktsicherheit und braucht deshalb Außenhalt. Aber diesen Außenhalt bieten heute weder die Religion noch die Nation, weder die Familie noch die revolutionäre Idee. Das macht die Entstehung des Konsumismus als Ersatzreligion verständlich. Der Konsum integriert die postmaterialistische Gesellschaft durch Verführung. Das gemeinsame Angebot der postmodernen Märkte lautet: Wiederverzauberung der entzauberten Welt.
Dass man heute nur noch Produkte verkaufen kann, die einen spirituellen Mehrwert haben, verschafft der These Evidenz, dass wir in einem postökonomischen Zeitalter leben. Die technische Immaterialität und die postmaterialistischen Werte haben die Konsumlandschaft dramatisch verändert. Jetzt muss man Dinge verkaufen, die eigentlich unsichtbar sind. Und die Kunden melden Bedürfnisse an, die man früher an Kunst und Religion adressiert hat.
Folgerichtig arbeiten die Unternehmen heute an einem Kapitalismus mit gutem Gewissen, der sich selbst auch *Caring Capitalism* nennt. Idealismus verkauft sich nämlich gut. Waschmittel sollen ethischen Standards entsprechen; an die Stelle von Ausbeutung soll der Fair Trade mit Entwicklungsländern treten. Grüner Punkt und das Siegel »umweltfreundlich« genügen nicht mehr – es entstehen »Ethik-Marken«. So tritt etwa Body Shop auf, als sei es kein Unternehmen, das Waren verkaufen will, sondern eine Philosophenschule, die uns das wahre Leben lehrt.
Die Warenproduktion zeigt heute immer deutlicher eine publi-

zistische Dimension; Idealgüter drängen auf den Markt. Mit anderen Worten: Der Produzent inszeniert sich als Publizist, der Unternehmer als Politiker – Berlusconi und Benetton sind nur die bekanntesten Beispiele. Das Politisch-Soziale wird zum Schauplatz des Marketings. Unternehmen adressieren ihre Brands an den »mündigen Bürger«; die Politik verkauft Parteiprogramme als Sonderangebote und wirbt um Good Will. Das entlastet den Verbraucher. Er kann das Denken durch Kaufen ersetzen und mit dem Kauf Ideen signalisieren – etwa so wie man eine Flagge hisst.

Im System des Konsumismus werden die Wünsche der Kunden nicht erfüllt, sondern geködert. Und das kann auch gar nicht anders sein, denn was man sich wünscht, ist nicht zu kaufen. Aber man kann dem Wunsch Anerkennung verschaffen – in einem Produkt. Doch dieses Produkt muss geistig angereichert sein, einen spirituellen Mehrwert haben. Und hier bestätigt sich wieder die Funktionsäquivalenz von Konsumismus und Religion. Die Götter, die aus dem Himmel der Religionen verdrängt wurden, kehren als Idole des Marktes wieder. Werbung und Marketing besetzen die vakant gewordenen Stellen des Ideenhimmels. Düfte heißen Ewigkeit und Himmel, Zigaretten versprechen Freiheit und Abenteuer, Autos sichern Glück und Selbstfindung. Mit einem Wort: Marken besetzen Ideen, um sie schließlich zu ersetzen.

Wenn man Waren tauscht oder etwas kauft, vollzieht man nicht einfach einen ökonomischen Akt. Kaufen und tauschen heißt vor allem auch: sich in Beziehung setzen, Gegenseitigkeit stabilisieren. Das Marktgeschehen ist ein Sozialritus. Das Geben und Nehmen stiftet Beziehungen und Gegenseitigkeit. Die Befriedigung von Bedürfnissen ist deshalb zweitrangig, wenn man sie mit dem vergleicht, was man *die Selbstbegegnung der Bedürfnisse im Ritual des Marktes* nennen könnte. Sobald man im Konsumgeschehen auf Kultisches und Rituelles stößt, kann man sicher sein, dass der Ausdruckswert des Produkts wichtiger ist als sein Gebrauchswert. Konsum erweist sich dann als Sinnstiftung.

Diese Zusammenhänge hat das Marketing mittlerweile durchschaut und in einer Strategie reflektiert, die man Kultmarketing nennen könnte. Demnach soll der Kunde nicht einfach nur kaufen und verbrauchen, sondern eine rituelle Handlung vollziehen. Seit es Kultmarken und Kultprodukte gibt, geht es nämlich nicht mehr um passiven Konsum, sondern um aktive Devotion. So entfaltet sich der Konsumismus als Religionssystem. Und das führt zum Ursprung der Bedeutung des Konsums zurück – zum Totemismus der Essgemeinschaft.

Nicht die Kirchen, sondern die Konsumtempel sind der Ort moderner Religiosität. So vergleicht der Theologieprofessor Harvey Cox die Schaufenster der Warenhäuser mit der Krippenszenerie; das Etikett mit dem Markenzeichen deutet er als säkularisierte Hostie. Das Ideal des Marketings ist die religiöse Ikonenverehrung. Heute kehren die Warenhäuser wieder an ihren Ursprung zurück. Die Pariser Passagen waren die ersten Kathedralen des Konsums. Und die Einkaufszentren der Gegenwart verwandeln sich in Schauplätze einer Wiederverzauberung der Welt, nach der wir uns gerade deshalb sehnen, weil jede Spur von Magie, Aura, Charisma und Zauber aus unserem aufgeklärten Alltag getilgt ist. Mall und Urban Entertainment Center sind die Gesamtkunstwerke des Konsums: Kaufen, Essen, Amüsieren. Sie rechtfertigen die Welt als ästhetisches Phänomen.

Isolde Charim

ETHISCHER KAPITALISMUS

Die Fragestellung des vorliegenden Bandes nach den Chancen, die die Globalisierung eröffne, die Behauptung, die Globalisierung könne auch ein Mehr an Gerechtigkeit bedeuten, umreißt unausgesprochen die zentrale Kategorie einer gegenwärtigen Standortbestimmung – jene der Paradoxie. Denn die Verbindung solcher auf den ersten Blick widersprüchlicher Termini zeigt nicht sosehr die Absurdität, wie vielmehr die Ambivalenz, die unsere Situation bestimmt. Wird die Welt durch die Globalisierung besser? Man kann sich dieser Frage nicht frontal nähern. Zunächst einmal muss man festhalten: Sie wird zweifellos anders. Und dieses Anderswerden bewirkt eine grundlegende Verschiebung aller bisheriger Parameter, indem sie deren eindeutige Zuschreibungen in Frage stellt – also ambivalent macht.
Um diese abstrakten Behauptungen greifbarer zu machen, sollten wir uns dem Paradefall dieser Entwicklung, dem Konzept des ethischen Wirtschaftens zuwenden. Damit wird jene zunehmende Tendenz der Einbeziehung von gesellschaftlicher Verantwortung ins wirtschaftliche Handeln bezeichnet, die Integration von sozialen und ökologischen Gesichtspunkten in die Ökonomie. Die Meilensteine dieser Entwicklung sind bekannt. Etwa das Jahr 1995, als der nigerianische Menschenrechtskämpfer Ken Saro-Wiwa hingerichtet wurde, nachdem dieser für die Rechte des Orgoni-Volkes gegen die Profitinteressen von Shell Oil eingetreten war. Oder als Greenpeace das Versenken der Ölplattform Brent Spar verhindern konnte. All diese Geschichten bilden nicht nur die grundlegenden Heldenmythen von Gruppierungen wie Greenpeace oder Amnesty International. Sie sind nicht nur die fundierenden Erzählungen, die den Typus der NGO zu einem politischen Akteur der neuen Art gemacht hat, wo Aktionismus, In-

teressenlosigkeit und moralische Integrität sich verbinden. Nein, die Erfolgsgeschichte – der manchmal blutig bezahlte Erfolg des Einspruchs gegen das verheerende, rücksichtslose, völlig unregulierte Vorgehen multinationaler Konzerne, die zum Einlenken gezwungen werden konnten – markiert auch den Beginn des »ethic business«.

Es ist das Verdienst von Naomi Klein mit ihrem längst zum Klassiker avancierten Bestseller »No Logo!« – dieser Mischung aus Analyse und Manifest –, die Grundlagen dieser erfolgreichen »Kommunikation« zwischen Menschenrechtsaktivisten und multinationalen Konzernen aufgezeigt zu haben. Laut Klein liege alles daran, dass sich die Güterproduktion in eine Markenproduktion verwandelt habe. Wenn einem Unternehmen die Transsubstantiation seiner Waren in eine Marke gelingt, dann haben sie jene spirituelle Dimension erreicht, die sie von der »Welt der Dinge loslöst«, wie Klein schreibt[9]. Der reine Gebrauchswert tritt zugunsten eines ganz anderen Wertes zurück. Mit dem Ding, das man kauft, erwirbt man nicht nur die Idee eines richtigen Lebens – wie etwa der berühmte Nike-Turnschuh die Vorstellung von Gesundheit und Sport verkörpert. Das Markending erlaubt gleichzeitig auch – im Unterschied zu anderen Repräsentanten transzendenter Vorstellungen – die Teilhabe, den Vollzug der Idee. Diese wird durch die Ware konsumierbar. Anders gesagt: Konsumieren wird zu einer sinnstiftenden Tätigkeit. Das neue Unternehmertum hatte bereits auf dieser Ebene nicht nur den Profit, sondern eine Mission im Blick, genauer gesagt eine Mission, die sich wunderbarerweise durch das Profitmachen realisierte: jene, das Leben der Menschen zu verbessern. So verkauft etwa Body Shop mit seinen Produkten auch eine feministische Idee des Frauseins sowie ein ökologisches Bewusstsein in der Kosmetikindustrie. Das Marken-Werden eines Produkts bedeutet eine Aufladung, die aus dem Ding mehr als ein Ding macht, es verleiht ihm einen geistigen Mehrwert, der auch aus dem Unternehmen mehr als ein Unternehmen macht, was sich für dieses wiederum in einen ganz ordinären pekuniären Mehrwert ummünzen lässt. Ist die-

---

9 Naomi Klein: No Logo!, Riemann Verlag 2001, S. 26

se Entwicklung – die heute bei einer weiteren Etappe angelangt ist – nun gut oder schlecht? Selbst bei Klein, die diese in klassisch aufklärerischer Manier denunziert, ist die Antwort letztlich nicht so klar, wie ihre expliziten Statements suggerieren. Denn eine eindeutige Haltung trifft auf eine ambivalente Situation.
Der Kapitalismus ist längst keine reine Wirtschaftsform mehr. So wurde nicht nur die »formale Subsumption«, wie es bei Marx heißt – also ein äußerliches Machtverhältnis, in dem das Kapital das Kommando gibt –, durch eine »reale Subsumption«, eine wirkliche Aneignung aller Lebensbereiche, abgelöst. Das Kapital hat eine Ausdehnung erfahren, die weit über die Aneignung von bestehenden Formen hinausgeht: Es unterwirft sich nicht mehr die Kultur, wie die Kritiker der Kulturindustrie noch meinten, sondern verschmilzt zunehmend mit dieser zu dem, was der Begriff »Kulturkapitalismus« umreißt. Entsprechend der Art seines Weltzugangs entwickelt er eine »kulturelle Fressgier«[10], die alles aufsaugt. Würde sich dieser Hunger nach Ideen und Metaphern aber auf eine reine Aneignung beschränken, wären wir noch nicht beim Kulturkapitalismus angelangt. Dieser beginnt erst dort, wo es der Warenwelt gelingt, Produkte mit kulturellen oder sozialen Erfahrungen gleichzusetzen – wobei diese Erfahrungen gerade dadurch transformiert werden. Das Kapital verhält sich zu den gesellschaftlichen Energien sowohl wie ein Vampir als auch wie ein Homunculus: Es saugt sie ebenso aus, wie es sie auch »herstellt«. All dies in einer unauflöslichen Einheit. Das paradigmatische und für den vorliegenden Zusammenhang entscheidende Beispiel hierfür ist der Umgang mit dem Konzept »Revolution«.

Die Jugend ist der begehrteste Markt, nicht nur, weil er in unseren Gesellschaften tendenziell alle umfasst, sondern auch und vor allem, weil die wirklichen Jugendlichen in ihrem Individualismus die idealen Massenkonsumenten sind. Sie sind die Lieferanten einer wesentlichen Ressource: der rebellischen Energie. Die Revolte aber ist die wesentliche Quelle des Spätkapitalismus. Denn sie bietet, was jener braucht: ein ständiges, permanentes Überschrei-

10 Ebenda, S. 31

ten von bestehenden Grenzen. Deshalb wollen die Marken – von Benetton bis Nike – am rebellischen Geist partizipieren. Und die Jugend, die ja als das Überschreiten schlechthin gilt, ist das ideale Medium dafür. In den letzten dreißig bis vierzig Jahren erwies sich deren ungebundene Wut als idealer Produzent von immer neuen Lebensarten, Bildern, Stilen – gleichzeitig ein Energielieferant einer nicht versiegenden Quelle und ein schier grenzenloser Konsument. Man versteht die Attraktion, die sie auf das neue Unternehmertum (dessen Personal sich zunehmend selbst aus diesem Segment rekrutiert) ausübt. Hier hat sich also eine grundlegende Verschiebung der Parameter vollzogen, die den Gegensatz von Bestehendem und Aufbegehren, von Kraft und Gegenkraft in die Einheit des Paradoxes gefügt hat. Die Vorstellung von »Revolution« hat sich gleichzeitig kulturalisiert und kapitalisiert: Sie hat sich nicht nur wesentlich ins Kulturelle verlagert – in jenen Bereich, den der Pop eröffnet hat, wo Kapitalismus und Revolte ein Medium grenzenloser Symbiose gefunden haben –, »Revolution« ist auch zur allgemeinen Form des Ereignisses im Sinne eines Erlebnisses geworden, unabhängig von allen Inhalten. Nur aufgrund einer Romantisierung der Bohème, die auf deren Struktur des Neuen, des anderen reduziert wird bei gleichzeitiger Entleerung aller Gehalte, kann Revolte zu einer, nein zu *der* Lebenshaltung des Spätkapitalismus werden. So weit, dass selbst »Coca-Cola underground sein will«[11]. Die große Paradoxie besteht nicht darin, dass es keine Gegenposition mehr gibt, sondern dass die Gegenpositionen zur ultimativen Form des Kapitalismus geworden sind.

Ist das nun gut oder schlecht? Für die Kulturkritiker scheint die Antwort eindeutig: Es ist schlecht, denn das bessere Leben, das uns Turnschuhe, Softdrinks und Körperlotions versprechen, ist nur der Schein eines besseren Lebens, das versprochene Glück nur dessen Simulation. Die Antiglobalisierungsbewegung hingegen scheint mehr zuhause in der kapitalistischen Dialektik und rekurriert nicht mehr auf eine zunehmend ungreifbarere Differenz von wahren und falschen Bildern vom Glück, auf die Vorstellung einer

11 Ebenda, S. 93

einfachen Verführung. Sie hat diese Art von Kritik hinter sich gelassen. Sie akzeptiert gewissermaßen die unauflösliche Verschränkung von Sein und Schein in den westlichen Gesellschaften, um auf deren blinden Fleck hinzuweisen: das reale Elend der Dritten Welt, das diesem Massenglück zugrunde liegt. Sie prangern die Arbeitsbedingungen der Sklaven an, die unsere Fetische fertigen. Sie zeigen auf die Brüche hinter den glänzenden Fassaden, auf das »hässliche Gesicht hinter den Logos«.[12] Diese »Kinder von Marx und Coca-Cola«, wie Godard sie genannt hat, denunzieren die Gewalt des Kapitalismus in der Dritten Welt – akzeptieren aber gleichzeitig dessen Funktion als Kulturkapitalismus für den Westen, wie an der Art ihrer Auseinandersetzung deutlich wird.
Der konzernkritische Aktivismus steht auf dem Boden des Kulturkapitalismus – er will diesen nicht beseitigen, sondern ihn beim Wort nehmen. Bei dem Wort seiner Markenidentität, die nicht nur Glückskategorien, sondern auch jene des guten Gewissens bemüht, also Sozial- und Umweltbewusstsein. Die Aktivisten von Menschenrechtsorganisationen bis zu Fair-Trade-Gruppierungen haben erkannt, dass die Marken mit ihren umfassenden Versprechungen die Achillesferse des alles durchdringenden Kapitalismus sind. Um als Marke zu funktionieren, muss sie glaubwürdig sein. Diese Glaubwürdigkeit ist das mentale Kapital, das sie angreifbar macht. Denn wenn etwa bekannt wird, dass Nike-Schuhe in Sweatshops produziert werden, wenn klar wird, dass der saubere Traum vom reinen Sport durch Kinderarbeit gewebt wird, dann funktioniert die Glaubwürdigkeit nicht. Solche Kampagnen waren erfolgreich, weil sie dort angegriffen haben, wo die Giganten verwundbar sind: Sie haben Imagekatastrophen ausgelöst. Die Antwort darauf lautete dann: ethische Unternehmensführung.
Solche Art von Konzernkritik führte zu dem Konzept des CSR – Corporate Social Responsibility –, der gesellschaftlichen Verantwortung von Unternehmen, die sich in der neuen Textgattung der selbstverfassten Verhaltenskodizes formuliert. Jener »Kreuzung von Werbetext und kommunistischem Manifest«,[13] wo Unternehmen Regeln für ihr wirtschaftliches Handeln aufstellen. Der wohl

12 Ebenda, S. 16
13 Ebenda, S. 442

bekannteste ist der »Global Pact« der Vereinten Nationen, der »Normen für die Verantwortlichkeit transnationaler Unternehmen und anderer Wirtschaftsunternehmen im Hinblick auf die Menschenrechte« aufstellt, wie es im Untertitel heißt. Das ist ein bisschen, wie wenn die Tänzer ums Goldene Kalb kurz innehalten, um sich die Zehn Gebote auf die Gesetzestafeln zu meißeln. Ist das nun ein Schritt hin zu mehr Gerechtigkeit auf der Welt – oder zu noch mehr, noch raffinierterer Markenmacht? Ist die Globalisierung nun schlecht – oder doch auch gut?

Zunächst einmal muss man festhalten, dass die Globalisierung nicht einseitig nur die Wirtschaft betrifft, sondern auch den »Widerstand« gegen sie. Die Globalisierung ist hier ebenso sehr Gegenstand wie Medium. Allein dieser Umstand zeigt, dass einfache Globalisierungskritik zu kurz greift. Die moderne Form des Internationalismus, die Vernetzung von Aktivisten – erleichtert durch die neuen Kommunikationsmöglichkeiten – vollzieht sich etwa gerade, indem sie die Kodizes der Konzerne beim Wort nimmt. Wie beispielsweise im Fall der Kündigung von fünf Arbeitern in der türkischen Niederlassung eines deutschen Automobilzulieferers aufgrund von gewerkschaftlichen Tätigkeiten. Nach den Regeln des Globalen Pakts ist der deutsche Autokonzern für die Geschehnisse in der Türkei mitverantwortlich. Deutsche Gewerkschafter haben sich nun des Falles angenommen. Eine andere Möglichkeit für globale Gegenreaktionen sind jene Käuferboykotte, die alle Unternehmen so fürchten – nicht alleine ob des realen Verlusts durch weniger Einnahmen, sondern auch ob des ideellen Schadens, den die Marke nimmt. Solche Boykotte können ebenso Reaktionen auf soziale oder ökologische Missstände in der Güterproduktion sein, wie sie auch weltweit den Moslems dazu dienten, mit der Ablehnung von dänischen Produkten gegen die Karikaturen zu protestieren – nicht ohne Erfolg, wie wir wissen. Im »Karikaturenstreit« drohte die Marke »Dänemark« Schaden zu nehmen und die Politiker beeilten sich, diesen abzuwenden.
Das Besondere an solchen Boykotten liegt darin, dass der Widerstand nicht durch Askese, sondern im Gegenteil durch Konsumismus (von anderen Marken) funktioniert. Diese Aktivisten agieren nicht von einer moralischen, sondern von einer kapitalistischen

Position aus – als Käufer. Sie sind nicht mehr entweder Bürger oder Citoyens wie früher, sondern sie werden *als* Konsumenten zu Citoyens, als Teil des Kapitalismus agieren sie gegen diesen. Auch hier gilt es wieder, sich von der Idee eines reinen anderen zu verabschieden, ebenso wie von der Vorstellung eines Ortes, von dem aus wir unschuldig Anklage erheben können.

Was nun das letzte Refugium der Autonomie im alten Sinne anlangt, die Gefühle der hehren, aufrichtigen Wut als Movens, so muss man auch hier eine Ambivalenz in Betracht ziehen: Zahllos sind die Klagen von Gegenbewegungen aller Art darüber, wie ihre Formen, ihre Kraft, ihre Wut *vereinnahmt* werden und der ethische, der heroische Standpunkt besteht darin, sich dieser Vereinnahmung zu verweigern. Nun ist es aber im Falle der Anti-Konzern-Bewegung so, dass die Wut über Produktionsverhältnisse, die sich etwa in Anti-Image-Kampagnen entlädt, dazu führen kann, dass Multis von manchen Verstößen gegen die Menschenrechte Abstand nehmen – und sich nachher mit ihrer eigenen Haltung schmücken. Die Integration der Gegenposition mag obszön sein und kann doch gleichzeitig positive Effekte in Bezug auf die Gerechtigkeit haben. Wie ist das nun, wenn gerade die Vereinnahmung, also eine Ausbeutung, eine Verbesserung bewirkt? Es ist mit einer solchen Wut ein eigenes Ding. Als individuelle Emotion ist sie wirkungslos, weshalb es Institutionen gab und gibt, die – nach dem Wort des Philosophen Peter Sloterdijk – als »Zornbankhäuser« funktionieren: das sind Agenturen, die die bei ihnen deponierte Wut produktiv machen. Waren dies früher etwa linke Parteien, so funktionieren heute NGOs als solche »Zornbankhäuser«, die ihre Einlagen dadurch kapitalisieren, dass sie sie gegen Konzerne in Stellung bringen. Diese mögen jene »vereinnahmen«, aber um den Preis, ihnen eine Effizienz zuzusprechen. So entsteht ein »Konzern-NGO-Komplex« – jenes Zusammenspiel von Marken und konzernkritischen »Wachhunden« –, in dem die Ansammlung von Ambivalenzen kulminiert: Die Quintessenz solch ethischer Unternehmensführung besteht darin, dass mit dem Wirtschaften auch dessen Gegenteil befördert wird. Wenn Konzerne aber nicht nur die Kultur, sondern auch die Ethik integrieren, so handelt es sich um die oben angekündigte weitere

Stufe der ambivalenten Verschränkungen, eine weitere Volte der paradoxen Wendungen bisheriger Kategorien. Und wieder stellt sich die Frage, ob dies als Fortschritt bezeichnet werden kann oder nicht.

Ebenso verhält es sich mit der – berechtigten – Kritik, ob diese Art von Unternehmensethik nicht einfach eine PR-Angelegenheit ist. Die Frage nach der Sinnhaftigkeit von Verhaltensregeln, die Konzerne selber aufstellen oder die sie freiwillig unterzeichnen. Natürlich gibt es da zum einen das Problem der Kontrolle, ob diese Regeln auch eingehalten werden. Und auch die NGOs, die sich diese zur Aufgabe gestellt haben, können nur stichprobenartig agieren. Deshalb gilt vielen der Mangel an rechtlicher Verbindlichkeit als so ein eminentes Defizit, dass sie in den Pakten nur heiße Luft sehen. Man sollte aber nicht übersehen, dass das zentrale Moment hierbei die *Freiwilligkeit*, die freiwillige Selbstbeschränkung von Unternehmen ist – das hat natürlich die genannten Nachteile, aber man sollte trotzdem die Wirkung des Global Codes nicht unterschätzen: auch wenn er nicht eine globale ethische Gesellschaft herzustellen vermag, so sind das doch Schritte in Richtung einer Ethisierung. Hat man in den Achtzigerjahren geglaubt, dass Investitionen in der Dritten Welt positive Auswirkungen auf Bildung, Demokratisierung und Lebensstandard haben könnten; hat man in den Neunzigerjahren die bittere Erkenntnis realisieren müssen, dass diese Hoffnungen trügerisch waren, so muss man doch sehen, dass ethische Unternehmensführung gemeinsam mit privater Kontrolle eine deutliche Verbesserung der Situation bewirken kann. Natürlich reicht diese Art der Selbstregulierung nicht aus, um ein flächendeckendes ethisches Verhalten zu garantieren. Natürlich sind Multis keine ethischen Subjekte, sondern haben die Ethik vielmehr in die Kategorien des Marktes übersetzt und daraus den *ethischen Mehrwert* gemacht, eine Ressource für ihre Markenidentität, für ihre Glaubwürdigkeit. Ja, sie haben nun auch dies vereinnahmt, sie haben nun auch diese Quelle angezapft – aber das bedeutete auch: Die Quelle sprudelt. Wir müssen heute mit der Ambivalenz leben, dass Ethik in sozialen und ökologischen Fragen auch Teil einer Markenidentität ist.

Die Kritik dieser Form der Ethik als PR hängt noch einer eindeutigen kategorialen Trennung in gut und böse an, von der wir uns verabschieden müssen. Die Dichotomie, die den Bürger in die schöne Seele und in den Tatmenschen, der sich die Hände schmutzig macht, aufgeteilt hat, ist verschwunden. Selbst die Unterscheidung in Konzerne und Aktivisten kann das nicht mehr aufrecht halten. Nicht, dass alles nun gut wäre, aber die schroffen Gegensätze verschwimmen.

Um das zu akzeptieren ist es notwendig, den Begriff der Ethik neu zu betrachten. Die Skepsis gegen die ethische Unternehmensführung lautet etwa: Sie betreiben diese nicht, um den politischen Fortschritt voranzutreiben. Ja, es stimmt sicherlich, dass ihre Beweggründe, dass ihre Motive nichtethischer Natur sind, aber die Effekte, die sie bewirken, sind es. Wird die Welt also durch die Globalisierung besser? Die Antwort darauf kann nur das Paradox als das Medium des Spätkapitalismus benennen: Wo Produkte zu Marken und Unternehmen zu Institutionen werden, steigert Umwelt- und Sozialbewusstsein den Mehrwert: Hier wird Profitdenken durch gesellschaftliche Verantwortung, Einzelinteresse durch das Allgemeininteresse, kurz – Egoismus durch Rücksicht aufs Allgemeinwohl befördert. Jenseits von Gut und Böse macht die Globalisierung die Welt besser, indem sie sie schlechter macht. Oder umgekehrt.

Manfred Chobot

WWW.SPAREFROH.COM ODER WWW.GLOBAL-GEIZ-IST-GEIL.AT

Am Anfang war die Welt eine Scheibe. Eine Scheibe ist sowohl überblickbar als auch überschaubar.
Im Laufe der Zeit entwickelte sich die Welt zu einem Globus. Seit Satelliten um den Globus kreisen, erkennt man umso deutlicher Barrieren.
Als die Eltern nichts mehr zu verkaufen hatten, die Regale ihres Lebensmittelgeschäfts im Sommer 1946 leer waren, sperrten sie den Laden zu und machten Urlaub. Österreich war in vier Teile zerstückelt, die Grenzen eng gesteckt. Mein Vater wollte der Mutter den Ort zeigen, wo er ein Jahr zuvor als Soldat der Wehrmacht abgerüstet hatte. Die Stadt Freistadt erhielt für Vater einen symbolischen Beigeschmack. In Oberösterreich wurde Mutter schwanger. Aufgrund von Lebensmittelknappheit renne ich seither auf dem Globus umher.

4U (for you!). Eigentlich mehr für mich.

Für ihren Lebensmittelgroßhandel benötigten die Eltern einen Lieferwagen. Täglich wurden die Greißler mit Waren beliefert. Mit dem Wort »Supermarkt« wusste niemand etwas anzufangen. Ein Markt war ein Markt und super war eben super. Der Lieferwagen war ein »Dreiradler« der Marke »Tempo«. Um ein viertes Rad zu sparen, wurde das Auto vorne von nur einem Rad angetrieben. Hinter dem Fahrerhaus befand sich eine Ladefläche auf zwei Rädern. Hierzulande beherrschte damals Mangel den Alltag. Strümpfe wurden gestopft, Ärmel an den Ellenbogen mit einem verstärkenden Flecken geflickt. Abgetragene Anzüge wurden »gewendet«, indem die abgenützte Außenseite nach innen gekehrt wurde. Mutter bewahrte Stoffreste auf, um sie eines Tages wiederzuverwerten. Zwei alte Kleider ergaben ein neues. Die Wegwerfgeneration war noch lange nicht geboren.

CYL (see you later). Davon später.

Hätte ich Vater gefragt, was er von »Globalität« hält, hätte er mich verwundert angeschaut und nicht gewusst, wovon ich rede. Bis zu seinem Tod 1989 war »global« kein Thema. Amerika war weit, der »Eiserne Vorhang« hatte die Welt in »West« und »Ost« zerteilt. West war Coca Cola und Rock'n'roll, Ost war Kommunismus und Staatsmonopol. Cola und Rock boten sich als Inbegriff der Freiheit dar. Der Traum, auf dem Highway 66 durch die Gegend zu fahren und niemand, der einen daran hindert. Bob Dylan hatte unsereins einen Floh ins Ohr gesetzt. Leider waren Flüge in die Vereinigten Staaten unerschwinglich. Dafür wären zehn Monatsgehälter eines Gutverdienenden erforderlich gewesen. Nicht einmal der radikalste »Sparefroh« hatte in dieser Situation eine marginale Chance.

<g> (grin). Ich grinse.

Als 1956 das Fernsehen in Österreich eingeführt wurde, kaufte Vater einen »Musikschrank«, in dem ein Bildschirm, ein Radioempfänger sowie ein Plattenspieler integriert waren. Vater war ungemein stolz auf diese Neuerung. Auf dem Plattenspieler konnten alte Schellackplatten, Singles sowie die neuen Langspielplatten abgespielt werden. Sobald das Fernsehprogramm begann, erschien nach dem »Testbild« eine Uhr. Meine Klavierlehrerin kam ins Haus und wunderte sich, welch merkwürdige Uhr sich mein Vater angeschafft hatte. Der Sekundenzeiger tickte, bis er die volle Stunde erreicht hatte: Dann erschien die Fernsehsprecherin.

Im ersten Jahr des Fernsehens wurde keine Gebühr eingehoben. Nicht an jedem Tag der Woche wurde ein Programm ausgestrahlt. Zur Verfügung stand ein einziges Programm, das am frühen Abend begann und vor Mitternacht zu Ende war. Danach folgte die Bundeshymne und die österreichische Fahne wehte im Wind. So manchen Fernsehapparat zierte ein von innen beleuchteter Plastik-Globus. Meine Eltern bevorzugten ein Holzkohle-Bügeleisen, in das sie eine gelbe Glühbirne hatten einbauen lassen.

:-x Küsschen.

Daheim verfügten wir über eine Dusche. Dennoch wurde nicht jeden Morgen geduscht. Nicht jeder besaß daheim eine Dusche.

»Fremdenzimmer mit fließendem Wasser«, konnte man auf Schildern am Straßenrand lesen, wenn man sich nach einem Urlaubsquartier umsah: Eine Waschmuschel, an der sich die Gäste mit ihrem Waschlappen den Körper abwisch-waschen konnten.

☺ Smiley.

Wir fahren nach Italien. *Verlangt man einmal nach einer Speisekarte Costolette alla Milanese, so wird man staunen, dass man Wiener Schnitzel vorgelegt erhält. Ebenso sind die »Gnocchi alla Romana« nichts anderes als größere Erdäpfelnudeln! So ergeht es dem Reisenden mit mehreren Speisen. In Norditalien und vielen ehemaligen österreichischen Gebieten wird man in den meisten größeren Restaurants auch die österreichische und Wiener Küche vorfinden. Aber auch hier haben sich naturgemäß die italienischen Nationalspeisen festgesetzt.* – Dies schrieb naturgemäß ein 1960 gedruckter »Deutsch-Italienischer Sprachführer« (Verlag Perlen-Reihe).

:'-) Tränen lachen!

Bäume sind überall gleich, sagte mein Vater, weshalb seine weiteste Reise ihn bloß bis Tarvis und Grado führte. (Abgesehen von seinem Kriegseinsatz. Damals war er bis zur russischen Halbinsel Krim gelangt.) Ob er diese Aussage ernst meinte oder sich lediglich dahinter versteckte, um nicht zugeben zu müssen, dass der Horizont seiner Welt ziemlich begrenzt und eingeschränkt war, hielt er gewissenhaft und zeitlebens verborgen.

:-& Sprachlos sein.

In den Urlaub nach Kärnten wurde mit dem Auto gefahren, das inzwischen über vier Räder verfügte. Für 300 Kilometer mussten sechs bis sieben Stunden kalkuliert werden. Die einzige österreichische Autobahn bestand zwischen Wien und Salzburg, ein Bauwerk der Nazizeit. Dorthin, wo wir die »Sommerfrische« verbrachten, führte jedenfalls keine. Um Diäten oder Fastenkuren kümmerte sich niemand. Wer eine Diät einhalten musste, konnte nur krank sein.

<bg> (big grin). Breites Grinsen.

Melanzani kannte niemand. Auf der Dose stand »Eierfrüchte blau«. Sie waren in Olivenöl eingelegt. Ein delikates Essen für einen, dessen Kochkünste eher bescheiden waren. Vater hatte etliche Kartons davon in seinem Lager abliegen: Ein Ladenhüter, ebenso wie die eingelegten Shrimps im Glas und die französische Leberpastete in der roten Tube. Jene in der grünen Tube war mit Kräutern gewürzt. Mit solch exotischem Zeug ließ sich kein Geschäft machen.

:-e Enttäuscht sein.

Was esse ich in Italien? Im Italien-Reiseführer stand schwarz auf weiß: *Melanzani (Eierfrüchte) werden von Österreichern das »schreckliche Gericht« genannt, aber nur deswegen, weil die richtige Zubereitung nicht bekannt ist. Sicherlich, wenn man dieses Gemüse mit der Schale zubereitet und womöglich eine Einbrenn dazu macht, kann es bestimmt »schrecklich« sein!*

ASAP (as soon as possible). So bald wie möglich.

Ich war mächtig stolz, als ich in die Schule ein »Koffer-Radio« schmuggelte, so groß wie vier Zigarettenpackungen. Die Fremdwörter »Walkman« oder »Discman« standen in keinem Lexikon und in keinem Wörterbuch. Beim Gehen Radio zu hören war »leiwand«, »klass« oder »heiß«. Welch faszinierender Ausblick, sich die Welt ins Ohr hineinzuziehen: ein Fußballspiel akustisch mitzuerleben. Der sich überschlagenden Stimme des Sportreporters zu folgen war epochal, wie der Mann Bilder in Worte fasste und schneller redete, als ein Zeitraffer Filmkader abspult.

;-) Augenzwinkern.

Ende der 1960er-Jahre fuhren wir jedes Jahr zu Ostern oder Pfingsten nach Grado oder Lignano, um uns mit Pullovern, T-Shirts und Schuhen für die kommende Saison einzudecken. An der Grenze bog sich beim Heimfahren die Lüge zurecht, wir hätten nichts zu verzollen. Niemand kümmerte sich um Marken, »Trademarks«, oder Firmenlogos. »Logo« war die Abkürzung für logisch. Ein T-Shirt war ein Leiberl, weiter nichts. Eine Aufschrift oder gar ein aufgedrucktes Bild waren »total heiß«. Furore erweckten »Milanos«, Schuhe mit einer gefährlich anmutenden Spitze, je spitzer desto besser. Noch immer lag Venedig ziemlich am Rand der Weltscheibe.

AAMOF (as a matter of fact). Das war eine Tatsache.

Jugoslawien war zwar kommunistisch, die Zollkontrollen wie überall lästig, doch wiederum nicht so extrem, ein bisserl »blockfrei«, und mit einem herrlichen Meer für den Sommerurlaub. Weitaus billiger als Italien oder Griechenland. Man genoss den

Urlaub und meckerte daheim über jugoslawische Gastarbeiter, beschimpfte sie »Tschuschen«, was »Ausländer« bedeutet, wie mich eine bulgarische Freundin später aufklärte, nachdem ein Hauch von Globalität bis zu uns vorgedrungen war. Selbst war man als Urlauber selbstverständlich kein Arbeiter, demnach kein Ausländer, vielmehr Gast und Tourist. Gastfreundschaft in Anspruch zu nehmen, dazu verpflichtete einen die gute Kinderstube, überzeugt davon, gute Kinderstuben könnten nirgendwo sonst stehen als daheim. Auf einem Plakat fragte ein Kind einen Erwachsenen: »I haaß Kolaric – du haaßt Kolaric. Warum sogns' zu dir Tschusch?«

o:-) Engel oder Heiliger.

Gastarbeiter mutierten zu Migranten. Klingt besser als Emigranten. Gegeben hat es sie allemal: Der Maler El Greco, »Der Grieche«, war ein Zugereister, der in Spanien Karriere machte. Oder der Bildhauer Giambologna, der als Flame in Italien erfolgreich war und nie wieder in seine Heimat zurückkehrte. Oder die rumänischen Franzosen Eugène Ionesco und Constantin Brancusi, Schriftsteller der eine, Bildhauer der andere sowie der Dadaist Tristan Tzara. – War eigentlich Beethoven Österreicher, obwohl er in Bonn geboren wurde, in Wien und Niederösterreich sein Leben verbrachte? Hingegen stammen die Habsburger aus der Schweiz, die Liechtensteiner aus Niederösterreich, die es sogar zu einem eigenen Kleinstaat brachten. Kaiserin Elisabeth kam aus Bayern angereist, ihre Schwiegertochter Stephanie übersiedelte von Belgien nach Wien. Als Mexiko einen König benötigte, schickte man Maximilian, damit der Bruder des österreichischen Kaisers Franz Joseph Regierungsarbeit leisten könne. Könige lassen sich emigrationsmäßig nicht mit Gastarbeitern vergleichen.

NRN (no reply necessary). Eine Antwort ist nicht erforderlich.

In Italien wird fast ausschließlich mit Öl gekocht. Nur die ganz feine Küche verwendet zum Kochen und Backen auch Butter. Schmalz ist fast ganz unbekannt in der italienischen Küche. Unserem Gaumen wird nur das feinste Öl munden. Das gewöhnliche Olivenöl, welches in der einfachen, nicht feinen Küche gebraucht wird, hat keinen besonders guten Geschmack. Man muss sich daran gewöhnen.

LOL (laughing out loud). Ich lache mir einen Ast ab.

Als ich mir meine ersten Skischuhe aus Plastik kaufte, mit Schnallen anstatt mit Schuhbändern, hielten mich alle Freunde für bescheuert. »Snowboard« und »Carving« – nie gehört! Indessen fuhr ich mit meiner »Ente«, die fast wie ein Auto aussah, die Kärntnerstraße entlang bis zum Stephansplatz und suchte nicht lange nach einem Parkplatz. Fußgängerzone? Wofür sollte so etwas gut sein?

CMIIW (correct me if I'm wrong). Sollte ich mich irren.

Ein chinesisches Restaurant hatte ganz in der Nähe der Wohnung meiner Eltern eröffnet. Die Neugierde siegte über die Skepsis. Ein Anlass lieferte das Alibi, es auf einen Versuch ankommen zu lassen. »Die Chinesen essen nur Ameisen und Würmer, das weiß jeder«, sagte mein Vater, »vom Reis abgesehen, den wir auch kennen und mögen«. Vater war höchst verwundert, welche Speisen von den Chinesen angeboten wurden. Den Umgang mit Stäbchen sollte er nicht mehr erlernen.

<|-) Chinesen-Smiley.

Obst gab es zu kaufen, sobald es reif war: Kirschen, Marillen, Zwetschken, Weintrauben. Über den Winter hielten sich Äpfel. Schafskäse und Oliven waren eine Besonderheit. Heimgekehrte Urlauber setzten derart ihre Reise nach Italien, Spanien oder Griechenland mental und kulinarisch fort. Die Scheibe der Welt wurde allmählich größer. Irgendwann ging es dann rasend schnell mit der Ausdehnung.

(:| Eierkopf!

Überallhin konnte man telefonieren, von daheim oder von einem öffentlichen Münzautomaten. Lieber schrieb man einander Briefe, da weder Fax noch E-Mail zur Verfügung standen. Vater sah nicht ein, weshalb er seinen Briefen eine Postleitzahl hinzufügen sollte. Jeder Haushalt verfügte über einen Kühlschrank und man wusch die Wäsche in der eigenen Waschmaschine. Mutters Waschrumpel blieb Jazz-Musikern als »washboard« vorbehalten. So viel war vom anderen Ende des Globus über den Atlantik zu uns herübergelangt.

:-o Ich bin erstaunt!

Wir hörten von einem Ort namens Woodstock, von Friedensmärschen. Weltweit wollten Menschen, dass es nirgendwo mehr

Krieg gäbe. Vietnam war draußen vor der Haustür. Bürgerinitiativen fanden sich zusammen, um sich einzumischen und eigene Interessen durchzusetzen. Die nukleare Bedrohung war in den 1980er-Jahren ein Thema. Zwei Weltmächte verfügten über das Potenzial, die Erde mehrmals in ein atomares Chaos zu stürzen. Ich engagierte mich in der Friedensbewegung, weil ich hoffte, dass Frieden machbar und möglich sei, sobald die Menschen es nur vehement genug forderten. Vater hielt mich für einen realitätsfernen Träumer. Ich habe meinen Irrtum erkannt.

PMFJI (pardon me for jumping in). Entschuldige, dass ich mich einmische.

Das Handy war Zukunftsmusik. Wer aller mithört und welche Daten gespeichert werden, sobald man mit dem Handy telefoniert, möchte ich nicht im Detail wissen. Ohne es zu merken, werden wir alle überwacht. Global vernetzt und global kontrolliert. Die Welt schrumpft zu Bytes und konzentriert sich auf Festplatten.

TIA (thanks in advance). Danke im Voraus!

Vater dachte, der Lebensmittelhandel sei das sicherste Geschäft der Welt, denn alle Menschen müssen essen. Er starb, bevor das Greißlersterben hierzulande endgültig war. Es hätte ihm geschäftlich das Genick gebrochen. Nicht Bäume sind überall gleich, hingegen Firmenlogos, deren wiedererkennbare Farben zieren die Landschaft, wohin man blickt, als wäre man daheim.

4 sail – zu verkaufen.

Die Essensgewohnheiten haben sich verändert. An die Stelle des Herdes als Zentrum der Küche ist der Kühlschrank getreten. Wer etwas Warmes mag, stellt es in die Mikrowelle. Weltweit bevorzugen Kinder und Jugendliche Pizza, Hamburger und Pommes, Ketchup und Mayonnaise. Sie sind die Pioniere der globalen Geschmacksvereinheitlichung.

C= ☺ Koch.

Am Lido von Venedig, anno 1970, fielen mir Verkaufsstände auf, wo etwas angeboten wurde, das mir unbekannt war: Teigfladen mit einem Belag darauf, was sich »Pizza« nannte. Keine Ahnung, wie das schmeckt. Ich habe es auf eine Kostprobe ankommen lassen. (Im Duden stand: Pizza, neapolitanisches Hefegebäck mit Tomaten, Käse und Sardellen.) Pizzeria – wo liegt das?

OTL (out to lunch). Bin beim Essen.

Fast bin ich versucht zu wetten, dass die Pizza einst ein Kalifornier erfunden hat, ein Verwandter vom kommerziellen dot com, ein Onkel von Slash und Backslash oder der Vater von Icon und aller Emoticons. Eine große Familie, in die wir allesamt adoptiert wurden. Muckt irgendwo irgendwer auf, werden die Familienoberhäupter ganz böse. Gnädig lassen sie uns an ihrer Familiengeschichte teilhaben, die netten Onkels aus Amerika. Zum Frühstück werden Cookies und Corporate Identity aufgetischt.

☺ (-: Kuss.

Erdbeeren, Weintrauben, Pfirsiche und Tomaten können wir 365 Tage lang konsumieren, unabhängig von Witterung und Jahreszeit. Transport ist machbar. Wenn bayerische Bauern den jährlichen Überschuss an Getreide verbrennen um ihren Hof zu heizen, empören sich Kleriker. Werden fossile Ressourcen unwiederbringlich in Düsenjets, Automobilmotoren und Industrieanlagen verjuxt, jubeln Fortschritt und Wirtschaftswachstum grenzenlos.

TANJ (there ain't no justice). Wo hält sich bloß die Gerechtigkeit verborgen?

Selbst chinesische Jugendliche haben »cool« in ihr Alltagsvokabular integriert, obwohl es eigentlich kein wirklich richtiges chinesisches Wort ist, und sie tragen ihre Turnschuhe ohne Schuhbänder, wissen allerdings nicht, dass diese Mode ihren Ursprung in US-amerikanischen Gefängnissen hatte, da man den Inhaftierten die Schuhbänder abnahm, um ihnen keine Möglichkeit zur Flucht oder zum Selbstmord zu lassen.

<eg> (evil grin). Zynisches Grinsen.

Nichts ist mehr fix, was als unveränderlich galt, sogar Autobahnen könnten sich in Privatbesitz befinden, die Energie- und Wasserversorgung sowieso, alles sollte ganz anders werden, und niemand weiß, wie und wann die Änderungen geschehen werden. Was unumstößlich erscheint, mag sich bereits morgen als überholt und nicht mehr gültig erweisen. Man sollte meinen, einen Globus kann man nicht auf den Kopf stellen, jedoch vermag der Globus, indem er sich permanent dreht, alles auf den Kopf zu stellen. Alles ändert sich und bleibt dennoch, wie es war.

-:-) Punker.

An der österreichisch-italienischen Grenze stellte ein Zöllner fest, dass Vater eine Flasche Wein mehr als erlaubt mitführte. Er könne für die Flasche Zoll bezahlen oder sie öffnen und einen Schluck trinken. Vater entschied sich für Öffnen und Trinken. Als er den Korken entfernte und zum Trinken ansetzte, hielt ihn der Zöllner zurück: »Nicht hier, Sie befinden sich bereits auf österreichischem Staatsgebiet.« Vater musste hundert Meter zurück nach Italien gehen, bevor er einen kräftigen Schluck nehmen durfte. Nachdem er die angebrochene Flasche präsentierte, war das Zollproblem gelöst, und er konnte weiterfahren. Damals war von der EU kein Schimmer am Horizont. Inzwischen darf ich keine Stange Zigaretten aus Tschechien, Ungarn, der Slowakei einführen. »Der Warenaustausch in der EU ist frei.« Wäre ich eine Firma, dann dürfte ich. Als österreichischer Staatsbürger darf ich hingegen nicht.

☹ Traurig sein.

Lieber surfe ich im Internet.

Da erfahre ich wenigstens, dass von jedem Flug innerhalb der EU den US-amerikanischen Behörden Personaldaten der Passagiere weitergegeben werden: Name und Adresse samt Kreditkartennummer. Im Zentrum des Global Village sitzen derzeit die USA. Noch. Sie bestimmen, wo Freiheit zu sein hat und wo sie endet, und welche Freiheit sie meinen. Die Freiheit, dass einige wenige den Markt kontrollieren.

:-@ Wütend brüllen!!

Mit satanischem Vergnügen opfere ich meine Ersparnisse für einen Abenteuerurlaub: Ohne Strom und ohne Verbindung mit der Außenwelt selbst Feuer machen und primitiv das Überleben handhaben. Technische Errungenschaften werden radikal ausgeklammert. Einfaches Leben ist temporär angesagt.

Details sind im Internet zu finden.

☺ Smiley.

Christian Felber

GLOBAL DREAM

Die Welt 2050

Wer Visionen hat, braucht einen Arzt, hat ein Politiker einmal gesagt. Vielleicht gilt das ja auch für Regierungschefs. Aber eine Gesellschaft ohne Visionen ist kurzsichtig – und gefährdet mitunter das eigene Überleben. Im Lateinischen (Spanischen) heißt »visio« (»visión«) zunächst »Anblicken«, »Sehen«, auch Sehkraft. Wer nicht nur die nächsten drei Meter des Weges vor sich sieht, sondern auch den Blick zum Horizont heben oder sich tiefen Einblick in das Wesen der Dinge zu verschaffen vermag, erfreut sich ganzheitlicher Sehkraft. Die ist allemal gesund.
Beschränken wir Politik auf die »Verwaltung der Verhältnisse« – unter Aufgabe des liberalen Freiheitsbegriffs, nämlich, die Verhältnisse zu *gestalten* – lässt sich ohne große Prophetie ausmalen, wie die Welt in 50 Jahren aussehen wird:

- Unter den 100 größten Wirtschaftseinheiten befindet sich noch eine Hand voll Staaten. Die globalen Konzerne, politisch zu Lobbys zusammengeschlossen, schreiben die Gesetze – in der WTO, in der EU und in den Nationalstaaten.
- Der Wettbewerb ist in vielen Branchen erloschen. Zum Teil wird er inszeniert und Oligopol-Kartelle tun so, als würden sie einander konkurrenzieren, um die Illusion einer »freien« Marktwirtschaft aufrechtzuerhalten.
- Konzerne haben ihre Eigentumsrechte mächtig ausgebaut. Sie kontrollieren: Software, Saatgut, Genom, Trinkwasser, Erholungslandschaften und saubere Luft, mit der sie weltweit handeln.
- Großunternehmen haben auch die Errichtung globaler Tribu-

nale durchgesetzt, bei denen sie Staaten wegen »Enteignung« verklagen können. Darunter verstehen sie: Umweltschutzgesetze, Sozialversicherungsbeiträge, Steuern, Produktkennzeichnungspflichten ...

- Immer mehr Investmentfonds sind größer als Volkswirtschaften. Sie fordern von den Finanzministern Steuerfreiheit für das Kapital und von den Konzernen zweistellige Renditen, die diese nach jahrelangen Umstrukturierungen und Rationalisierungen nur noch durch Monopolpreise erwirtschaften können. Dadurch steigen Inflation und Arbeitslosigkeit – und die öffentlichen Defizite.
- Die Armut nimmt weltweit zu, in Europa leben mehr als 20 Prozent der Bevölkerung unter der offiziellen Armutsgrenze. Die Reichen können die meisten Stadtviertel nicht mehr zu Fuß betreten. Analysten preisen die boomenden Aktien privater Sicherheitsfirmen.
- Der Hunger kehrt nach Europa zurück. Nicht aus Nahrungsmittelknappheit, sondern aus Kaufkraftknappheit. Den Darbenden wird die Schuld in die Schuhe geschoben: Wären sie doch fleißiger gewesen! Hätten sie sich doch mehr angestrengt!
- Medien haben sich in den Händen der ökonomisch Potenten konzentriert und spiegeln nicht die Wirklichkeit, sondern die Interessen ihrer Eigentümer. Die sozialen Unterschiede und Spannungen werden ausgeblendet. Stattdessen werden laufend Belangsendungen über das »beste aller Wirtschaftssysteme« gebracht, »die Wirtschaft« wird mit den Konzernen gleichgesetzt.

Diese Entwicklungen haben längst begonnen, sie wurden nur etwas in die Zukunft fortgeschrieben. Alternative Wege – und Visionen – sind dringend gefragt. Wie könnte die Welt 2050 *anders* aussehen?

Erste Schritte: EU

Die EU lernt doch noch aus den Verfassungsreferenden und der wachsenden EU-Skepsis der Bevölkerung, die ja so schwer nicht zu interpretieren ist. Bis 2010 stoppt sie den Standortwettbewerb in ihrem Inneren. Die Demokratien buhlen nicht länger um die Gunst der – politisch kooperierenden – Konzerne, sondern sie schließen sich zusammen und schreiben den Konzernen gemeinsam die Regeln vor. Das nennt sich positive Integration. »Negative Integration« heißt, dass die Binnenmarktfreiheiten durchgesetzt werden, bevor der steuerliche, arbeitsrechtliche, sozialpolitische, konsumentenrechtliche und umweltpolitische Rahmen für den Markt vereinheitlicht ist. »Harmonisierung« bedeutet aber nicht die Etablierung schlaffer Mindeststandards, sondern Orientierung an den Besten. Der Erfolg des Binnenmarktes wird daran gemessen, wie rasch sich die Standards nach oben entwickeln.
Zweitens wird die Lissabonstrategie »umgepolt«: Die EU rückt vom Ziel, der wettbewerbsfähigste Wirtschaftsraum der Welt zu werden, ab und schwenkt auf das neue Ziel ein, der nachhaltigste Wirtschaftsraum der Welt zu werden, oder banaler: ein nachhaltiger Wirtschaftsraum. 2006 lebten in der EU rund sieben Prozent der Menschheit, sie verbrauchten aber rund 20 Prozent aller globalen Ressourcen. Insgesamt verbrauchte die Menschheit schon mehr Ressourcen, als der Planet erneuern kann. Das Leitziel der Europäischen Strategie für Nachhaltige Entwicklung lautet daher, den Ressourcenverbrauch um zwei Drittel zu senken. Dazu werden die Energiepolitik, die Verkehrspolitik und die Agrarpolitik der Gemeinschaft auf den Kopf gestellt. Mit einer jährlichen Verringerung um zwei Prozent gelingt bis 2030 die Außenunabhängigkeit von Erdöl, Kohle und Erdgas. Schweden und die Gemeinde Güssing stehen dabei Vorbild. Gleichzeitig fließen zweistellige Milliardenbeträge in die Forschung von struktureller Energieeffizienz (integrierte Raumplanung, Kreislaufwirtschaft, Umstieg von Verkehr auf Mobilität). Nicht zentrale Binnenmarktstrukturen mit fragwürdigen »Skalen«- und »Effizienz«-Gewinnen stehen im Mittelpunkt, sondern ein dezentrales nachhaltiges Entwicklungsleitbild: Das Europa der Regionen wird zur Realität. Nebenprodukte: kulturelle Vielfalt, Subsidiarität und lokale Demokratie.

Demokratie fällt nicht vom Himmel, sie wird erstritten: Auf Initiative der Zivilgesellschaft wird ein neuer Verfassungskonvent gewählt – direktdemokratisch. Das hat zur Folge, dass ausgewiesene VerfassungsexpertInnen und Persönlichkeiten, die das Vertrauen der Bevölkerung in Verfassungsfragen genießen, den Text neu schreiben: auf weniger als 100 Seiten. Darin wird nur das Zusammenspiel der demokratischen Institutionen geregelt sowie die Grundrechte, Werte und Ziele der Union. Konkrete Wirtschaftspolitik bleibt im Sekundärrecht (so wie der Euratom-Vertrag schon heute). Wirtschaftpolitische Instrumente des Sekundärrechts – Wettbewerb, freier Kapitalverkehr, Freihandel, Liberalisierung – werden klar den Unionszielen untergeordnet: Solidarität, soziale Sicherheit und Kohäsion, Gleichstellung, nachhaltige Entwicklung. Das heißt: Wenn der Binnenmarktausbau nicht zu mehr sozialer Sicherheit und Gleichstellung führt, wird er revidiert oder umprogrammiert. Das Ziel ist nicht die Vollendung des Binnenmarktes, sondern die Erhöhung der Wohlfahrt aller, die Gleichstellung der Geschlechter, kulturelle Vielfalt und nachhaltiges Wirtschaften.
Das Parlament ist der große Gewinner der EU-Verfassung, die 2015 in Kraft tritt. Es erhält nicht nur ein Initiativrecht für Gesetze und das Mitentscheidungsrecht in sämtlichen Politikfeldern, sondern auch das Budgetrecht, wie es sich für ein Parlament gebührt. Die Nationalismen in Brüssel werden entweder durch europäische Parteien zurückgedrängt oder durch eine Regionalisierungsstrategie: Die Abgeordneten entstammen den rund 350 europäischen Regionen – ein/e Abgeornete/r je Region. Diese Variante hätte den Vorzug, dass die lokalen und regionalen Interessen viel stärker vertreten, dem Subsidiaritätsprinzip Rechnung getragen und die Konzerninteressen zurückgedrängt würden. Um die politische Macht der Konzerne zu beschneiden, wird zunächst das Lobbying strengen Regeln unterworfen. Zweitens wird die Fusionskontrolle verschärft und drittens eine Größenschranke für Konzerne eingezogen: Niemand darf in einem funktionierenden Gemeinwesen zu mächtig werden, weder ökonomisch noch politisch. Das gilt auch für Investment- und Pensionsfonds. Ihre Anlagemacht wurde ab 2015 in der Einsicht verkleinert, dass ihr Einfluss zunehmend schädliche Auswirkungen auf Unternehmen und Volkswirtschaften hatte.

Die Zinsrichtlinie wird erst zu einem europaweiten, dann globalen Informationsaustausch über alle Kapitaleinkommen ausgebaut. Diese werden automatisch den zuständigen Finanzämtern gemeldet. Innerhalb Europas werden 2020 die Steuersätze auf Kapitaleinkommen »korridorisiert«, um den Steuerwettbewerb zu minimieren. Als die Cayman-Inseln, die Bahamas und Nauru nicht mitmachten, wurde 2021 der Kapitalverkehr eingeschränkt. Genauer: Die »Aussicht« darauf genügte. Im selben Jahr schwenkten die Steueroasen auf das globale Abkommen ein.
Die Steuerlast auf dem Faktor Arbeit beginnt ab 2020 nachhaltig zu sinken, diejenige auf Kapital und Ressourcenverbrauch zu steigen. Auf grenzüberschreitende Gewinne wird eine Binnenmarktsteuer erhoben, deren Erträge in die Förderung der Regionen fließen: Jede Region erhält eine Regionalakademie – Weinviertel-Akademie, Osttirol-Akademie, Bregenzerwald-Akademie –, an der traditionelles Know-how – botanisches, medizinisches, handwerkliches und kulturelles – gelehrt und mit modernen Technologien, Produkten oder sozialen Innovationen verbunden wird. Dadurch kehrt die Wertschöpfung in die Regionen zurück; Arbeitsplatz, Lebensort und Erholungsraum fallen wieder stärker zusammen. Die Strategie für Nachhaltige Entwicklung bietet einen gedeihlichen Rahmen für die Renaissance der Regionen. Europa entwickelt sich auf diese Weise zur globalen Nachhaltigkeitsinsel.

Gerechter Welthandel

Allerdings muss diese vor unfairer Konkurrenz und globalem Dumping geschützt werden. Zunächst kündigt die EU den destruktiven Freihandel auf: Der »freie« Handel mit Ländern ohne vergleichbare Umwelt-, Sozial-, Arbeits-, Menschenrechts- und Steuerstandards wird eingestellt. Nur Fair-Trade-Produkte erhalten freien Zutritt zum riesigen und attraktiven EU-Markt, unfaire Produkte und Dienstleistungen werden mit Umwelt- und Sozialzöllen oder Einfuhrverboten außen vor gehalten. Gleichzeitig hilft die EU allen Ländern, zu ihren Standards aufzuschließen – einerseits bilateral durch die Anhebung der Entwicklungshilfe,

Entschuldungsmaßnahmen und Technologietransfer; und andererseits multilateral, durch die Schaffung einer »fairen globalen Investitionszone«: Die sieht so aus: Investoren sind in dieser Zone herzlich willkommen, allerdings müssen sie eine Reihe verbindlicher Regeln einhalten: Mindeststeuersätze, Umweltschutz, faire Arbeitsbedingungen, hohes Maß an sozialer Sicherheit und Einbeziehung der lokalen Wirtschaft (Vorprodukte, Schlüsselkräfte, Know-how-Transfer). Wer diese Regeln nicht einhalten will und nur Shareholdervalue im Visier hat, bleibt draußen. Wer die Verantwortung an der Gemeinschaft wahrnehmen möchte, kann diese Hürden spielend nehmen. Vorteil: Die Regeln gelten für alle verbindlich. Im Gegensatz zu »CSR«-Ansätzen herrscht Wettbewerbsgleichheit. Und: Diese Investitionen werden dann auch tatsächlich Entwicklung auslösen – im Gegensatz zum Standortwettbewerb, der die Standards nach unten drückt. Der sichtbare Erfolg dieser Investitionszone wird zu ihrer raschen Ausweitung führen. Als letztes Land treten 2025 die USA bei. Die »faire globale Investitionszone« löst auch die WTO ab, die aus dem Koma, in das sie 2006 fiel, nicht mehr erwacht war. Die Kompetenzen der WTO wandern in die UNO, zur Konferenz der Vereinten Nationen für Handel und Entwicklung (nomen est omen), zu einer 2012 geschaffenen Welt-Umweltorganisation und zum Entwicklungsprogramm UNDP, koordiniert von einem gestärkten Wirtschafts- und Sozialrat. Die neuen Leitwerte der globalen Wirtschaftsintegration lauten: nachhaltige Entwicklung, lokale Demokratie und ökonomische Subsidiarität: Die Dinge des Alltags werden so nah wie möglich und sinnvoll erzeugt. Ökologische Kostenwahrheit im Transport – als *Voraussetzung* für internationalen Handel – kommt diesem strategischen Ziel entgegen. Der WTO war sie ein Fremdwort gewesen.

Stabile Finanzarchitektur

Nicht nur das Handelsregime wird von Grund auf neu geordnet. Nach einer weiteren Serie schwerer Finanzkrisen in der Türkei, in Osteuropa, in Lateinamerika und schließlich 2017 in China, die in eine globale Rezession führte, beschließt der Wirtschafts- und

Sozialrat der UNO eine neue Architektur für das Weltfinanzsystem; und zwar in Anlehnung an die Vorschläge von John Maynard Keynes, die er 1944 auf der Konferenz von Bretton Woods einbrachte, die aber keine Zustimmung der USA fanden.
So wird eine künstliche Weltleitwährung als Verrechnungseinheit geschaffen und die Wechselkurse aller Währungen gemeinsam festgelegt. Keine nationale Währung ist somit Weltleitwährung, Rohstoffe und multilaterale Schulden notieren in diesem künstlichen Währungskorb. Die Notenbanken verteidigen gemeinsam das Wechselkursregime, die Spekulation wird mit Kapitalverkehrskontrollen weitgehend befriedet. Zahlungsströme zur Abwicklung des Handels und von Direktinvestitionen dürfen weiterhin ungehindert »durch«.
Eine globale Clearingstelle für die Leistungsbilanzen bestraft Handelsüberschüsse gleichermaßen wie -defizite, am Ende des Jahres werden die Konten geglättet. So wird der Aufbau handelsbedingter Verschuldung verhindert.
Das rasante Karussell auf den (nationalen) Finanzmärkten wird zudem durch kräftige Börsenumsatzsteuern gebremst, außerbörsliche Derivate werden verboten, die an den Börsen eingeschränkt.
Die Koppelung von Managergehältern an den Aktienkurs wird ebenfalls untersagt. Stattdessen wird er an die MitarbeiterInnenzufriedenheit gekoppelt, die von einer unabhängigen öffentlichen Behörde interdisziplinär ermittelt wird.
Weltbank und Währungsfonds werden in das Konzert der UN-Organisationen eingebunden und gegenüber der Vollversammlung und dem Wirtschafts- und Sozialrat rechenschaftspflichtig. Eine Stimmrechtsreform macht aus den von den Industrieländern kontrollierten Aktiengesellschaften demokratischere UN-Organisationen. Der Süden erhält die Stimmenmehrheit. Die Bevölkerung wird in die Entscheidungen zur Kreditvergabe eingebunden. Ab 2018 finanziert die Weltbank nur noch erneuerbare Energien, ökologischen Landbau, Gesundheits- und Sozialeinrichtungen sowie umweltverträgliche Mobilitätslösungen. Geld fließt vorrangig an Gemeinden, in denen das Budget unter Teilnahme der Bevölkerung erstellt wird, nach dem Vorbild von Porto Alegre/Brasilien. Dadurch wird die Korruption minimiert und die Demokratie maximiert.

Moderne Allmenden

Parallel dazu rollt – nach Blackouts, Bahnunfällen, Trinkwasserrohrbrüchen, Preiseskalationen, Kahlschlag und anderen Privatisierungserfahrungen – eine Welle der Wiederaneignung öffentlicher Güter: Wald, Trinkwasser, Gesundheitsversorgung, Pensionen, Bildung, Energieversorgung, Bahnsysteme. Da eine große Zahl demokratisch gereifter Citoyen(ne)s nicht zurück in obrigkeitsstaatliche Nachkriegszustände will, setzt ein Trend der radikalen Demokratisierung der »Allmenden« ein: Die NutzerInnen beginnen, die Versorgungsbetriebe mitzugestalten und mitzuleiten. Die Führungsgremien werden zu gleichen Teilen aus VertreterInnen des Staates, der Beschäftigten, der NutzerInnen und einem Gender-Gremium besetzt, welche die unterschiedlichen Interessen der »Stakeholder« abwägen und auf diese Weise eine Alternative zum Shareholdervalue schaffen. Moderne Allmenden verbinden auf diese Weise Wirtschaftlichkeit mit einem Maximum an Menschenfreundlichkeit, NutzerInnenservice, Mitbestimmung und Demokratie.

Wertewandel

Die noch bis 2020 anwachsenden Ungleichheiten lösen eine ebenso massive wie nachhaltige Debatte über die dem Wirtschaftssystem zugrunde liegenden Werte aus. Eigennutz, Gier und Konkurrenz werden als die Schlüsselwerte der kapitalistischen Marktwirtschaften westlichen Musters identifiziert und hinterfragt. Der Gier wird ein Riegel vorgeschoben, indem die Einkommensdifferenzen (zunächst auf das 20fache) und das Recht auf Privateigentum (zunächst auf 10 Millionen Euro) begrenzt werden. Gleich wichtig wie die Begrenzung der Gier war dabei die Erkenntnis, dass das schrankenlose Recht auf materielle Aneignung relativ weniger Menschen zur Enteignung und zum Freiheitsverlust einer viel größeren Zahl von Menschen geführt hatte.
Die wichtigste Änderung: Gesellschaftliche Anerkennung und Wertschätzung wird nicht mehr Menschen und Unternehmen zu-

teil, die sich vorrangig selbst nützen, sondern solchen, deren Ziel das Gemeinwohl ist. Erfolg wird an soziale Qualitäten gekoppelt. Als erfolgreich gilt, wer unternehmerische (oder soziale) Ideen umsetzt, die nachweislich niemandem schaden und niemanden unter Druck setzen, sondern eine Win-win-Lösung für alle Betroffenen darstellen. Das hat mit Altruismus nichts zu tun, denn das Eigenwohl ist im Gemeinwohl inbegriffen. Je besser es allen geht, desto besser geht es auch einem selbst.

Durch den Perspektivenwechsel auf das Gemeinwohl verändert sich auch das Verständnis von Konkurrenz. Die Praxis der »Vernichtungskonkurrenz«, in der das Ziel ist »to kill my competitor«, wird abgelöst von der lateinischen Grundbedeutung des Wortes »competere«: zusammen laufen, gemeinsam einem Ziel entgegenlaufen. Das geschieht zunehmend durch Kooperation, durch Voneinander-Lernen, durch Arbeitsteilung nach Neigung und Talent. Unternehmen wollen nicht mehr wachsen, um größer zu sein oder gefeit vor feindlicher Übernahme, sondern sie streben Koexistenz an und eine überschaubare Größe, über die Schwelle von rund einer Milliarde Euro Umsatz dürfen sie ohnehin nicht kommen, das verbietet das UN-Abkommen über Wirtschaftsdemokratie von 2035. Die Wirtschaft wird wieder als vernetztes Ökosystem verstanden, das zusammenwirkt, nicht als Schlachtfeld oder Arena.

Schließlich wird erkannt, dass der Wettbewerb deshalb so lange und von so vielen als nützlich angesehen worden war, weil er versprach die Kreativität zu fördern. Die Kreativität ist aber etwas Urmenschliches, das keines Anreizes bedarf, lediglich einer Erlaubnis zu gedeihen. Vernichtungswettbewerb erzeugt ein Klima der Angst, das Kreativität be- bis verhindert. Daher wurde nach Rahmenbedingungen für die Wirtschaft gesucht, die ohne Angst machende Konkurrenz auskommen und gleichzeitig einen gedeihlichen Rahmen für Kreativität und Eigeninitiative bilden. Der Freiheit des Einzelnen wird Raum gegeben, aber sie wird scharf begrenzt, wo sie die Freiheit der anderen oder die Demokratie zu gefährden beginnt. Der scheinbare Dualismus von Freiheit und Solidarität wird aufgelöst: Das schafft Raum für neue Visionen.

EVELINE HERFKENS UND MANDEEP BAINS

DIE MILLENNIUMS-ENTWICKLUNGS-ZIELE: DER IDEALE RAHMEN FÜR MEHR SICHERHEIT UND GERECHTIGKEIT IN DER WELT

Das Ziel dieses Bandes ist es, Möglichkeiten zu erörtern, wie es uns gelingen kann, eine sicherere und gerechtere Welt zu schaffen. Der Zeitpunkt könnte nicht besser sein: Niemals zuvor war der weltweite Wohlstand größer als heute, im Jahr 2006. Wir haben Zugang zu Technologien und Ressourcen, von denen wir vor einigen Jahrzehnten nicht einmal zu träumen wagten. Dennoch leben derzeit 1,1 Milliarden Menschen in so großer Armut, dass sie von weniger als 1 Dollar pro Tag leben müssen. 800 Millionen Menschen haben nicht genug zu essen, um ein gesundes und aktives Leben zu führen, und über 100 Millionen Kinder gehen nicht zur Schule. Obwohl das Recht auf Leben und Sicherheit zu den grundlegenden Menschenrechten zählt, wird es durch gewaltsame Konflikte weltweit systematisch verletzt. Natürlich sind Gerechtigkeit und Sicherheit untrennbar miteinander verbunden. Das betont auch UNO-Generalsekretär Kofi Annan, wenn er meint: »Ohne Entwicklung können wir nicht in Sicherheit leben, und ohne Sicherheit kann es keine Entwicklung geben. Beides ist nicht erreichbar, wenn die Menschenrechte missachtet werden.«[14]
Diese Ungerechtigkeiten der Welt veranlassten im September 2000 die Staats- und Regierungschefs sich in New York zum histo-

14 In größerer Freiheit: Auf dem Weg zu Entwicklung, Sicherheit und Menschenrechten für alle. Bericht des Generalsekretärs der Vereinten Nationen, März 2005

rischen Millenniumsgipfel einzufinden, wo sie sich zum gemeinsamen Kampf gegen Armut und Hunger, Geschlechterdiskriminierung, Umweltzerstörung und HIV/AIDS verpflichteten. Darüber hinaus versicherten sie allen Menschen bis 2015 den Zugang zu Grundausbildung sowie Gesundheits- und Wasserversorgung zu verbessern. Sie taten dies auch aus dem Bewusstsein heraus, dass unsere Welt keine Mauern trennen und dass alle Länder in gegenseitiger Abhängigkeit leben – etwa durch unsere gemeinsame Umwelt, Migration oder die Ausbreitung von Krankheiten und Konflikten. Mit diesen Zusagen gaben sie den Bürgern der Welt ein Versprechen und verabschiedeten die acht Millenniums-Entwicklungsziele (MDGs), die eine ungeheuer große Chance bieten, um eine sicherere und gerechtere Welt zu schaffen.

Die Ziele beschreiben erstmals die gemeinsame Vision einer Entwicklungsgemeinschaft, die nahezu vier Jahrzehnte von Streitigkeiten und Konflikten gespalten war. Sie sind heute der Maßstab, an dem der Prozess der weltweiten Entwicklung gemessen wird, und zählen zu den zentralen Anliegen der internationalen Staatengemeinschaft. Unterschiedlichste gesellschaftliche Gruppen haben die Millenniumsziele zu ihrem Leitmotiv gemacht. Aufgrund ihrer Verständlichkeit, Messbarkeit und Erreichbarkeit haben diese eine katalytische Wirkung auf die globale Entwicklung.

Ein weiteres wichtiges Merkmal der Millenniumsziele ist, dass sie weit gefasst sind. Diese Bandbreite ermöglicht wichtige Synergien zwischen den einzelnen Zielen. Wenn wir also beispielsweise Fortschritte bei der Erreichung des AIDS-Ziels in Sambia erzielen, wo Schulen schließen mussten, weil zu viele Lehrer an AIDS erkrankt waren, hat das konkrete Auswirkungen auf die Erfüllung des Bildungsziels.

Die MDGs sind einzigartig, indem sie ausdrücklich anerkennen, im Besonderen Ziel 8, dass reiche wie arme Länder gemeinsam für die Verringerung der Armut verantwortlich sind und dass dies nur durch eine globale Entwicklungspartnerschaft erreicht werden kann. Die Millenniumsziele bieten einen Aktionsrahmen mit klar definierten Verantwortungsbereichen. Die Entwicklungsländer, denen die Hauptaufgabe zukommt, sind aufgefordert, politische Reformen umzusetzen, damit sie die ersten sieben Ziele erfüllen können. Dazu ist es auch notwendig, dass sie ihre Regierungsführung, ihre Transparenz und ihre Verantwortungspflicht gegenüber Bürgern verbessern. Ebenso müssen sie den Zivilgesellschaften und Parlamenten mehr Möglichkeiten einräumen, ihren Fortschritt zu überwachen. Die reichen Industrieländer verpflichteten sich, die globalen Bedingungen zu schaffen, um die Entwicklungsländer bei ihrer Aufgabe zu unterstützen. Sie versprachen in Ziel 8 unter anderem großzügigere und wirkungsvollere Entwicklungshilfe, nachhaltigere Schuldenentlastung und gerechtere Handelsbedingungen.

Dank der gemeinsamen Vision der Staatsoberhäupter bieten die Millenniums-Entwicklungsziele einen idealen Rahmen, eine sicherere und gerechtere Welt zu schaffen. Aber eine Vision ist – ohne sie zu verwirklichen – bloße Illusion.

Wo stehen wir also mit der Umsetzung der Entwicklungsziele? Wir befinden uns jetzt im sechsten Jahr der 15-jährigen Umsetzungsphase. Dennoch schreitet die Verwirklichung nur langsam und uneinheitlich voran. Bei Fortsetzung dieses Tempos auf globaler Ebene werden wir nur einige der Ziele erreichen. Aber auch wenn wir weltweit Fortschritte machen, werden einige der ärmsten Länder weiterhin benachteiligt bleiben.

Ein Beispiel dafür ist das an erster Stelle stehende Armutsziel, das festlegt, dass die Zahl der Menschen, die von weniger als 1 Dollar pro Tag leben, halbiert werden soll. Auf globaler Ebene sind wir auf dem richtigen Weg, dieses Ziel zu erreichen. Obwohl dies einen wichtigen Erfolg darstellt, der nicht unterbewertet werden sollte, so wird er vorwiegend den bevölkerungsreichen Ländern Indien und China zuzuschreiben sein. Viele Länder, insbesondere Afrika südlich der Sahara, sind weit davon entfernt, das Armutsziel zu erfüllen.

Noch weniger rosig sieht es mit der Erfüllung der anderen Ziele aus. Auf regionaler Ebene ist keine Region auf Kurs. Die Länder Südasiens und Afrikas südlich der Sahara liegen bei der Umsetzung der Ziele, bei denen die menschliche Entwicklung im Zentrum steht, nicht im Zeitplan. *Das bedeutet: Das Versprechen gegenüber den armen Ländern der Welt wird derzeit gebrochen.*

Die Millenniums-Entwicklungsziele

Ziel 1: Die Beseitigung von extremer Armut und Hunger
Ziel 2: Die Einführung von universaler Grundschulausbildung
Ziel 3: Die Gleichstellung und Förderung der Frau
Ziel 4: Die Senkung der Kindersterblichkeit
Ziel 5: Die Verbesserung der Gesundheit von Müttern
Ziel 6: Die Bekämpfung von HIV/AIDS, Malaria und anderen Krankheiten
Ziel 7: Die Implementierung von nachhaltigem Umweltschutz
Ziel 8: Die Schaffung einer globalen Partnerschaft für Entwicklungszusammenarbeit

Die Ziele sind aber keineswegs zu hoch gegriffen. Ganz im Gegenteil. Wir können heute auf Ressourcen und Technologien zugreifen, die es uns ohne weiteres ermöglichen, die MDGs zu erfüllen. Woran es jedoch fehlt, ist der politische Wille, sie in die Tat umzusetzen.
Es gibt aber auch positive Beispiele. Diese beweisen, dass sogar einige der ärmsten Staaten in der Lage sind – vorausgesetzt der politische Wille ist vorhanden – die Ziele zu erreichen. Während die Länder Afrikas südlich der Sahara das Armutsziel nicht erfüllen werden, befindet sich Mosambik derzeit auf Kurs, den Anteil der Bevölkerung, der derzeit von weniger als 1 Dollar pro Tag lebt, zu halbieren.
Der politische Wille ist keineswegs nur in den Entwicklungsländern gefragt, sondern auch in den Industriestaaten. Es gibt keine Entschuldigung für Regierungen, ihre Versprechen zu brechen. Das gilt besonders für die reichen Länder wie jene Europas.
Das Millenniums-Entwicklungsziel 8, in dem die Übereinkommen der reichen Länder zusammengefasst sind, ist genauso erreichbar wie alle anderen Ziele: Es fordert die Umsetzung notwendiger politischer Reformen auf höchster Ebene und verlangt, dass Bürger auf ihre Regierungen Druck ausüben, um sicherzustellen, dass letztere ihre Versprechen einhalten.

Umfangreichere Entwicklungshilfe

2005 bekräftigte die Gemeinschaft der EU-15 erneut das vor 35 Jahren formulierte Ziel, 0,7 Prozent ihres Bruttonationaleinkommens (BNE) der offiziellen Entwicklungshilfe (ODA) zu widmen und bis 2015 zu erfüllen. Obwohl sich beinahe alle reichen Länder zu dieser Quote bekannten, haben nur fünf europäische Staaten bereits diese Zielgröße erreicht. Österreich zählt zu jenen Ländern, die keine Zeit verlieren dürfen, die erneut bekräftigte Zusage der 0,7-Richtlinie anzusteuern. 2005 betrug der Prozentsatz der offiziellen Entwicklungshilfe in Österreich 0,52 Prozent des Bruttonationaleinkommens. Diese für Österreich relativ hohe Quote resultierte allerdings aus den Entschuldungsinitiativen des Jahres 2005. 2004 lagen Österreichs Fördergelder mit 0,23 Prozent des BNE nämlich deutlich darunter. Sieht man von der Schuldenentlastung ab, stieg die Entwicklungshilfe zwischen 2004 und 2005 um 9 Prozent. Obwohl dies ein durchaus bemerkenswerter Anstieg ist, so ist Österreich von der 0,7-Quote noch immer weit entfernt. In Anbetracht der Herausforderung, die eine Erhöhung der Fördergelder bedeutet, sollte Österreich möglichst bald einen Stufenplan veröffentlichen.
Um die Hilfeleistungen zu erfüllen, bedarf es neu gewidmeter öffentlicher Fördergelder. Es werden zwar viele Diskussionen über innovative Finanzierungskonzepte in Europa geführt; bevor die Regierungen aber nicht ihre Versprechen einhalten, gehen solche Bemühungen in eine falsche Richtung. Sie sind ein Vorwand, hinter dem sich die Regierungen verschanzen und aus ihrer Verantwortung stehlen können. Sie leiten die Anstrengungen der Zivilgesellschaft fehl, die sich besser direkter auf die Regierungen konzentrieren sollte.

Wirkungsvollere Entwicklungshilfe

Obwohl die Quantität der Hilfeleistungen wichtig ist und wir die moralische Verpflichtung haben sicherzustellen, dass unsere Regierungen ihre vor Jahrzehnten gegebenen Versprechen halten, so spielt die Qualität der Entwicklungshilfe wahrscheinlich eine noch größere Rolle. Einer der größten Fehler, den Fördergeber machen können, ist Hilfsgelder an den Erwerb von Produkten und Dienstleistungen aus dem Geberland oder der Geberregion zu binden. Man könnte annehmen, dass dies beide, das wenig entwickelte Nehmerland und das produzierende Geberland, zufrieden stellt. Dem ist jedoch keineswegs so. Es profitieren nämlich nur jene, die Hilfe leisten. Die Fördernehmer müssen Produkte kaufen, die gewöhnlich teurer als im eigenen Land sind, und zusätzlich noch für Transportkosten aufkommen. Außerdem entsprechen die Produkte oft gar nicht deren Bedürfnissen, wie etwa technisch hoch entwickelte Geräte, die eine teure Instandhaltung erfordern. All das kann die Qualität der Entwicklungshilfe erheblich beeinträchtigen. Darüber hinaus haben die Regierungen der armen Partnerländer meist einen großen zusätzlichen Administrationsaufwand. Die OECD weist darauf hin, dass diese »gebundene Hilfe« auch der Korruption Vorschub leisten kann. Dennoch setzen einige Länder diese Form der Unterstützung fort.

Österreich ist eines dieser Länder. Laut OECD hat es einen der höchsten Prozentsätze an »gebundener Hilfe« unter allen OECD-Ländern. Die OECD erwähnt sogar das Risiko »die ODA [Entwicklungshilfegelder] zur Förderung österreichischer Firmen zu missbrauchen«.[15]

Ein zentrales Problem österreichischer Entwicklungshilfe ist, dass ein großer Teil davon in Länder mit mittleren Einkommen fließt. Zahlen, die dem OECD-Sekretariat zur Verfügung gestellt wurden, bestätigen diesen Anteil mit 39 Prozent im Zeitraum 2003/2004 und verdeutlichten auch den Fokus Österreichs auf seine Nachbarländer.

Österreich verpflichtete sich dazu, gemeinsam mit allen anderen reichen Geberländern, die Erklärung von Rom über die Harmonisierung der Hilfe von 2003 und die Erklärung von Paris über die Wirksamkeit der Hilfe von 2005 zu erfüllen. Diese beiden Erklärungen verdeutlichen den Entschluss Entwicklungshilfe qualitativ

15 OECD DAC Peer Review of Austrian Aid – DAC-Prüfung der österreichischen Entwicklungszusammenarbeit und -programme durch den OECD-Entwicklungshilfeausschuss, 2004

zu verbessern. Die umfassendere Erklärung von Paris enthält fünf Grundsätze. Wir werden hier drei herausgreifen um aufzuzeigen, was Fördergeber verändern müssen, um den Entwicklungsprozess in armen Ländern effizienter zu gestalten:
Der erste Grundsatz besagt, dass die Partnerländer ihre Entwicklungsprozesse selbst steuern sollen. Das zweite Prinzip hält fest, dass sich Geberpraktiken bestmöglich an den Bedürfnissen der Fördernehmer orientieren sollen. Es sind schließlich nicht die Geberländer, sondern die Partnerländer, die sich entwickeln und eine aktive und verantwortungsbewusste Führungsrolle bei der Kontrolle und Koordination ihrer Ressourcen, Entwicklungsstrategien und -programme einnehmen sollen.
Der dritte Grundsatz sieht eine harmonisierte Durchführung von Entwicklungsprojekten vor. Es gibt zahlreiche Möglichkeiten, die Zusammenarbeit zwischen den Geberländern zu verbessern. Allzu oft führen Fördergeber aber kleine Projekte – oft im selben Sektor – durch, ohne sich dabei zu koordinieren. Die Förderländer verlangen individuelle Evaluierungen oder Aufstellungen zu Projektkosten und entsenden mehrmals pro Jahr Repräsentanten, die die gleichen Fragen stellen. Diese aufwendigen Verfahren rauben den Regierungen der Fördernehmer kostbare Zeit, das Land zu regieren und sich der Erreichung der Millenniumsziele zu widmen.
In beiden Erklärungen verpflichten sich die Geberländer, die Partnerländer zu entlasten. Jedoch setzen die meisten ihr Übereinkommen nur langsam um. Das trifft mit Sicherheit auf Österreich zu. Überdies verwaltet laut OECD das Außenministerium, das die Entwicklungszusammenarbeit auch plant, nur rund 22 Prozent der österreichischen Entwicklungshilfe. Die übrigen Fördermittel werden von anderen Regierungsstellen vergeben. Daher ist eine besser koordinierte und harmonisierte Abwicklung zunächst innerhalb der österreichischen Bundesregierung vonnöten.

Schuldenerlass

Ziel 8 der Millenniumserklärung verpflichtet die reichen Industrieländer dazu, den armen Staaten ihre Schulden schneller und

umfangreicher zu erlassen. Der Knackpunkt dabei ist jedoch, dass Schulden zusätzlich zu öffentlichen Fördergeldern freigegeben werden sollten. Derzeit wird nämlich Schuldenerlass in die Fördergelderbudgets eingerechnet. Diese Tatsache erlaubt es Geberländern, ihre Förderungen zu erhöhen – womit sie ihr erneut gegebenes Versprechen, mehr Entwicklungshilfe zu leisten, einhalten –, ohne dass sie neue Mittel für den Kampf gegen bitterste Armut freimachen. Gleichzeitig ist es möglich, dass sie die Beträge, die in Entschuldungsinitiativen fließen, separat publizieren.
Die Höhe der Fördergelder in Österreich von 2005 macht deutlich, wie Schuldenentlastung das Entwicklungshilfe-Budget beschönigen kann. Laut OECD flossen im Jahr 2005 von den 1,552 Milliarden Dollar der österreichischen ODA 901 Millionen Dollar in den Schuldenerlass.

Gerechtere Handelsbedingungen

Das vielleicht wichtigste Übereinkommen der reichen Länder im Rahmen von Ziel 8 ist das Versprechen, ein globales Handelssystem zu schaffen, das armen Ländern und deren Produzenten fairere Chancen bietet.
Die derzeitige Handelspolitik erlaubt es Entwicklungsländern nur sehr begrenzt, am globalen Wohlstand teilzuhaben und widerspricht daher der Millenniumserklärung. Handel bietet – mehr noch als Entwicklungshilfe – für die ärmsten Länder das Potenzial, vom globalen Wohlstand zu profitieren. Wenn diese Chance durch unfaire Handelspraktiken eingeschränkt wird, so ist dies mit den Millenniums-Entwicklungszielen unvereinbar – mehr noch, es ist ein ungerechtes und scheinheiliges Verhalten.
Derzeit ist der Welthandel eindeutig auf die Bedürfnisse der reichen Industrieländer zugeschnitten. Das ist unter anderem auch der Europäischen Union zu verdanken.
Die größten Probleme im Zusammenhang mit der EU-Handelspolitik betreffen den Agrarsektor, just den Bereich, der zur Verringerung der Armut ausschlaggebend ist, da beinahe 70 Prozent der armen Bevölkerung in ländlichen Gebieten leben.
Ende Juli 2006 wurden die Verhandlungen über ein neues Han-

delsabkommen bei der Welthandelsorganisation WTO abgebrochen. Die laufende Verhandlungsrunde trug den Titel »Doha Development Round«, denn sie sollte sich mit den Ungleichgewichten im Welthandelssystem befassen, da letzteres derzeit eine starke Schieflage zugunsten der reichen Länder aufweist, die auf Kosten der armen Länder geht. Dennoch wurden die Verhandlungen abgebrochen, da die Teilnehmer zu dem Schluss gekommen waren, dass die Zeit nicht ausreicht, um ihre Meinungsverschiedenheiten auf den wichtigsten Gebieten zu überwinden. Die Zeit war knapp, denn die laufenden Verhandlungen waren durch eine vorher festgesetzte Frist begrenzt: Das endgültige Handelsabkommen musste vom amerikanischen Kongress ratifiziert werden, bevor Präsident Bushs »Trade Promotion Authority« im Juli 2006 abgelaufen war. Nach Ablauf dieser Frist wäre der Kongress in der Lage gewesen, detaillierte Änderungsanträge einzubringen und eine Ratifizierung des Abkommens von seiner Annahme abhängig zu machen, wodurch das Verhandlungsergebnis mit hoher Wahrscheinlichkeit zum toten Buchstaben verkommen wäre.
Während wir das schreiben – im August 2006 – wurden von einigen Parteien Versuche unternommen, doch noch eine Einigung zu erzielen. Alles ist möglich – frühere Handelsabkommen wurden ebenfalls erst in letzter Stunde geschlossen –, aber wir sind skeptisch genug, um zu vermuten, dass das vorliegende Schriftstück zum Zeitpunkt seiner Veröffentlichung noch relevant sein wird. Vielleicht ist es sogar dann noch relevant, wenn ein neues Handelsabkommen geschlossen wird.

Zahlreiche Maßnahmen sind notwendig, um die Probleme im Zusammenhang mit der EU-Handels- und Agrarpolitik zu beseitigen. Zunächst muss die EU ihre Exportsubventionen für Agrarprodukte aufheben. Mit solchen Zuschüssen entschädigt sie die europäischen Landwirte für die niedrigen Preise, die diese für ihre Agrarprodukte, die sie in Europa nicht verkaufen können, auf dem Weltmarkt bekommen. Die Preise sind jedoch deshalb so niedrig, weil der Weltmarkt mit den Überschüssen der reichen Länder überschwemmt wird. Und noch schlimmer: Diese Überproduktion wird durch andere EU-interne Unterstützungsmaßnahmen gefördert.

Während der laufenden WTO-Verhandlungen versprach die EU sämtliche Agrar-Exportsubventionen bis 2013 aufzuheben, obwohl der Rechtsstatus dieser Vereinbarung nun aufgrund des kürzlichen Abbruchs der Verhandlungen unklar ist. Dies ist jedoch kein großes Zugeständnis für Europa, da die meisten Subventionen ohnehin bis zu diesem Zeitpunkt abgebaut werden sollten. Nur zur Erinnerung: Die EU ist die Handelsgemeinschaft mit den höchsten internen Förderungen. Hinzu kommt, dass die Subventionen auch eine Massenproduktion begünstigen, die unsere Umwelt schädigt.
Die EU sollte auch ihre Agrarmärkte für Exportprodukte aus Entwicklungsländern öffnen, indem sie die hohen Importzölle für Agrargüter senkt. Der Widerwille, hier Eingeständnisse zu machen, wurde zum Stolperstein bei den Agrarverhandlungen. Es ist notwendig, die hohen WTO-Höchstzollsätze drastisch zu senken.
Überdies versucht die EU weiterhin, zahlreiche Agrarprodukte von Zollsenkungen auszunehmen, indem sie diese als »sensibel« deklariert: Gerade jene Produkte aus Entwicklungsländern werden vom Import ausgeschlossen, in denen letztere wettbewerbsfähig sind. Derzeit werden sie sogar unter der »Alles-außer-Waffen-Initiative«, die den am wenigsten entwickelten Ländern einen zoll- und quotenfreien Zugang zum europäischen Markt bieten soll, durch andere diesbezügliche Bestimmungen behindert, die kompliziert und übermäßig streng sind.
Wahrscheinlich braucht es einen starken politischen Willen, damit die EU die notwendigen Änderungen setzt, obwohl das für uns schwer zu verstehen ist. Wie viel politischen Willen braucht es tatsächlich, um der europäischen Durchschnittsfamilie rund 100 Euro im Monat zu ersparen, die derzeit in Agrarsubventionen fließen? Besonders dann, wenn derzeit nur eine Hand voll landwirtschaftlicher Großbetriebe davon am meisten profitiert.
Die EU muss also ihre Märkte für Importe aus Entwicklungsländern öffnen – ohne dafür von den armen Ländern irgendwelche Gegenleistungen zu verlangen. Der frühere EU-Handelskommissar Lamy versprach den am wenigsten entwickelten Staaten Afrikas bei den WTO-Verhandlungen eine »kostenlose Runde«. Dies ist bis heute nicht geschehen: Die EU hat weiter aggressive Forderungen an die

Entwicklungsländer gestellt und diese gedrängt, ihre Dienstleistungs- und Produktionsindustrie für Europa zu öffnen.
Während die EU-Handelspolitik von der Europäischen Kommission entwickelt und umgesetzt wird, bestimmen die einzelnen Mitgliedsstaaten die Richtung. Österreich zählt zu jenen Mitgliedsländern, die das derzeitige Konzept der EU-Agrarpolitik beibehalten möchten. Wir plädieren hier nicht dafür, dass die EU ihre Bauern in Zukunft nicht mehr unterstützen soll; sie sollte jedoch die Art der Förderung dahingehend ändern, dass sie damit nicht die Existenz der Produzenten armer Länder untergräbt.
Die Millenniums-Entwicklungsziele bieten den idealen Rahmen für koordiniertes Handeln, um die Ungerechtigkeiten in der Welt zu beseitigen. *Was es dazu braucht, ist politischer Wille. Daher müssen wir die Zivilgesellschaft vehement dazu anhalten, auf ihre Regierungen Druck auszuüben, damit diese aktive Entwicklungspolitik als eine politische Notwendigkeit betrachten.*
Der erste Schritt in diese Richtung ist, die Zivilgesellschaft zu informieren. In einem weiteren müssen Bürger und politische Entscheidungsträger zum Handeln aufgefordert werden. Nur wenn Bürger aktiv werden, indem sie etwa an Kundgebungen teilnehmen oder Briefe an Parlamentsabgeordnete schreiben, wird Politikern klar werden, dass Entwicklungspolitik der Zivilgesellschaft wichtig ist. Und nur wenn Politiker handeln, werden die notwendigen Veränderungen Realität werden. Diese politischen Umwälzungen und deren Verwirklichung sind unser Ziel. Darauf müssen sich die Pro-Entwicklungs-Gruppen und -Personen in Europa konzentrieren. Werden Sie aktiv!
Wir sind die erste Generation, die über die notwendigen Ressourcen und Technologien verfügt, um die Armut in der Welt zu beseitigen. Der fehlende Schlüssel dazu ist der politische Wille, der die Millenniums-Entwicklungsziele und den Kampf gegen die Armut zur Priorität erhebt. Daher müssen wir politischen Druck erzeugen, um Veränderungen zu bewirken.

Aus dem Englischen von Sabine Nakielski

Barbara Neuwirth

EINS

Wenn Hannes Besuch von seinem Neffen Paul bekommt, ist der Tag schön. Da können die Regentropfen noch so gehässig gegen die Fensterscheiben klopfen, der Wind die Dahlien im Garten niederdrücken oder der Winter Eismatten vor die Haustüre gelegt haben: In der Wohnung hat alles seinen rechten Platz gefunden. Nicht, dass die Wohnung an anderen Tagen unordentlich wäre, es ist nur so, dass seit Trudes Tod eine Leere eingezogen ist, die sich raumfüllend breitmacht, die guten Erinnerungen verdrängt und lediglich durch die Anwesenheit von Menschen vertrieben werden kann. Doch Hannes erträgt nicht viele Menschen in seiner Nähe – zumindest nicht in der Wohnung. Lieber trifft er sie an Orten, an denen er selbst die Dauer der Begegnung bestimmen kann.
Dass er der älteste Tennisspieler der Stadt sei, wurde vor einigen Jahren in der Lokalzeitung berichtet, und im Alter überholt hat ihn inzwischen kein Spieler mehr. Am Tennisplatz hält er sich gerne auf. Aber die Gruppe von Spielern, mit denen er schon seit Jahrzehnten zusammentrifft, ist auch schon geschrumpft. Einige kommen überhaupt nicht mehr, andere nur noch alle paar Wochen um nachzuschauen, ob noch wer von ihnen spielt. Sie selbst haben das aktive Spielen aufgegeben.
Jetzt sind sie nur noch zu fünft, und drei davon sind fast zwanzig Jahre jünger als Hannes. Macht nichts, mit denen nimmt er es auch noch auf. An zwei Tagen in der Woche fährt er ins Tenniscenter, seit einiger Zeit hat sich auch eine 60-jährige Frau zu den Senioren gesellt. Sie ist mit Abstand die anspruchsvollste Gegnerin, aber bis vor kurzem hat Hannes doch manche Spiele noch für sich entscheiden können. Erst vor wenigen Wochen hat er gemerkt, dass es bedeutungslos für ihn geworden ist, als der

Bessere vom Platz zu gehen. Trotzdem fährt er regelmäßig zum Tennisplatz, stellt sich mit dem Racket auf den Centercourt und bleibt der Fixpunkt der Runde.
Paul weiß von diesen Tennisterminen und nimmt bei seinen Besuchen Rücksicht darauf. Das Verhältnis zwischen Onkel und Neffen war nicht immer so eng. Gefunden haben sie sich erst, als Paul nach seiner Scheidung wieder in die Stadt seiner Herkunft zurückgezogen war. Ein neues Leben anfangen – auf der Basis des ganz alten. Zurück an den Start, sozusagen. Als Lehrer an der Schule, in der er selbst bei Prüfungen geschwitzt hatte. Andere hätten den Rollenwechsel vom Schüler zum Lehrer als gerechten Ausgleich für die erlittenen Schrecken erlebt, nicht so Paul. Er sah sich selbst als fairen und milden Lehrer, ganz anders als die Ungeheuer, die sich drohend über ihn aufgebaut hatten damals. Dass er an Mathematik und Sport interessiert, in diesen Fächern sogar besonders gut gewesen war, hatte ihn gerettet. Denn die Sprachlehrer hatten seinen Untergang auf den Stundenplan gesetzt gehabt.
»Paul, Vokabelprüfung« – diese Aufforderung war öfter an ihn gerichtet worden als an alle anderen Schüler der Klasse zusammen. Viel genützt hatte die Beißzange der Sprachlehrer nicht, nur so viel, dass ihm der Schulabschluss gelungen war und die Sprachen unabänderbar verhasst blieben.
Nach der Matura hatte Paul fluchtartig die Stadt verlassen. Dem Wunsch der Mutter entsprechend und weil der Beruf mit vielen Vorteilen lockte, hatte Paul das Lehramt studiert. An der Schwangerschaft der Studienkollegin war er beteiligt – warum also nicht gleich heiraten? Nichts sprach dagegen. Und die Laufbahn war so, wie es sich gehörte: Studienabschluss, Beiwagerljahr, volle Lehrverpflichtung, zwei Kinder, Urlaube sommers in Italien und winters in Tirol, ein kleines Verhältnis mit der Mutter einer Schülerin reuevoll abgebrochen nach der Aufdeckung etc., etc.
Paul war kein besonders interessanter Mensch gewesen und hatte auch kaum Kontakt gepflegt mit den zurückgebliebenen Familienmitgliedern. Erst nachdem seine Frau das Flüggewerden der Töchter genützt hatte, das Nest auch zu verlassen, war Paul aufgewacht. Sein Leben sah mit einem Mal wie ein Trümmerhaufen aus – und das, obwohl der solide Rahmen des Berufes den Stößen des emotionalen Erdbebens ja noch standhielt. Jetzt hatte er

Handlungsbedarf, wenn er nicht zur Marionette der Entscheidung anderer werden wollte.
Gewiss war es nicht besonders originell, die Wohnung in der Hauptstadt aufzulösen und einen Anstellungswechsel in die Heimatstadt anzupeilen, aber er war erfolgreich damit und siedelte wieder zurück. Der Bub kehrt heim. Eine Freude für seine Mutter! Trudes Schwester schwelgte im Glück, wenngleich auch im Unglück, dass ihrem Buben so böses Unrecht durch die Schwiegertochter widerfahren war.
Paul hatte durch die eigenen Kränkungen eine gewisse Empathie entwickelt, die ihm vorher komplett gefehlt hatte, und als Trude schwer krank geworden war, hatte sich Paul Hannes zugewandt und ihn gelegentlich zu kleinen Ausflügen verführt. Trude hatte Hannes ermuntert, nicht nur ihre Krankheit mitzuleben, sondern sich Eigenem zu widmen so wie vor ihrer Erkrankung. Sie war Paul dankbar für die Abwechslung und Freude, die er in Hannes' Leben brachte. So war Paul ein Symbol für die Existenz der Lebensfreude in dieser schwierigen Zeit geworden, und die tröstliche Wirkung setzte bei Hannes noch immer ein, wenn Paul auftauchte.

Heute fahren die beiden wieder aus. Paul chauffiert und Hannes lässt sich chauffieren. Dabei ist er sein Leben lang immer selbst gefahren, aber er lernt jetzt loszulassen. Er muss nicht mehr alles im Griff haben.
Für Paul sind die Sommerferien ein langer Urlaub, den er dieses Jahr anders verplant hat als sonst. Er wird in ein Land fahren, dessen Sprache er nicht spricht. Dass die Menschen dort Deutsch können, ist sehr unwahrscheinlich, also hat Paul angefangen, sein Schulenglisch auszupacken und zu polieren. Ein Computersprachkurs erspart ihm die Peinlichkeit, vor Lehrpersonen zu versagen. Natürlich weiß er, dass diese Lernmethode nicht die erste Wahl ist, wenn man wirklich weiterkommen will. Aber wichtig ist für ihn: Er hat sich entschieden, Englisch zu üben und neues Land zu gewinnen.
»Was wirst du dir dort ansehen?«, fragt ihn Hannes. Er sagt nicht: Schau dir das oder das an, obwohl er weiß, was dort interessant ist. Hannes ist viel gereist in seinem Leben. Er wartet lieber ab, was Paul spannend findet. Hannes ist dankbar, so viel in seinem

Leben gesehen zu haben, aber die großen Reisen sind vorbei für ihn. Ein Ausflug auf den Sonntagberg ist inzwischen schon eine immense Ausdehnung seines Lebensradius.

»Hättest du keine Lust mehr zu reisen?« Paul fragt so, als ob Hannes nicht mehr in der Lage wäre zu reisen.

Na, vielleicht stimmt das auch; emotional ist er tatsächlich nicht mehr in der Lage, groß wegzufahren. Die Neugier, die ihn früher quirlig gemacht hat, ist verschwunden. Das hat nichts mit Trudes Tod zu tun, danach ist er noch ein paar Mal verreist. Zwar nur in die bekannten Quartiere, die sie gemeinsam in den letzten Jahren noch aufgesucht hatten, aber es war doch immerhin ein Tapetenwechsel. Den will er jetzt auch nicht mehr.

»Nein, ich will nicht mehr. Ich komme mir vor wie eine absterbende Zelle im Blut der Welt.«

Paul schaut erstaunt auf. »Wie meinst du das?« Metaphern sind ihm unheimlich, dahinter versteckt sich immer etwas, das man besser verstehen sollte, aber nicht erkennen kann.

»Das Leben wirbelt mich noch herum, aber ich sehe meine Aufgabe nicht mehr. Ich spüre immer klarer, dass ich nur Teil eines großen Organismus bin, das Individuelle verliert sich.«

Paul schweigt, weil er dem Onkel nicht gerne widerspricht, aber er teilt die Sicht des alten Mannes überhaupt nicht. Mehr noch, sie empört ihn. Das Einzige, was ihn in der Zeit der großen Krise aufrecht erhalten hat, war das Bewusstsein seines Selbstwertes. Schwierig genug, aufrecht zu erhalten, wenn einen die Frau verlässt! Aber umso klarer konturiert: Ich. Das Individuum. Das Individuum Ich.

»Früher habe ich das nicht erkannt, weil ich zu beschäftigt war mit dem Leben. Dann denkt man immer nur über den Tag nach, über das Problem, über ein Morgen. Man fühlt sich toll, wenn man Herr der Lage ist, gestalten kann. Und glaubt, das wäre eine individuelle Leistung. Heute sehe ich das anders. Schau dir doch die Entwicklung der Menschheit an – einmal abgesehen von dem Schaden, den sie auf der Erde anrichtet. Aber schließlich gibt es auch in jedem Körper fehlerhafte Funktionen, wo sich Zellen gegen körpereigene Zellen richten und nicht gegen Krankheitskeime.« Hannes hält kurz inne, nickt beim Weitersprechen: »Also auch hier eine Analogie.«

»Du meinst, die Menschheit ist ein einziger großer amorpher Körper?«
»Ein Körper in Entwicklung. So wie sich die Zellen entwickelt haben und daraus verschiedene Lebensformen entstanden sind, so wie sich aus den Urmenschen die Spezialisten der heutigen Welt entwickelt haben. Ja. So meine ich das.«
Paul parkt das Auto in der Nähe der Kirche und die beiden Männer verlassen den Wagen. Über ihnen wölbt sich azurblau der Himmel, auf dessen Wange die Sonnenkugel abrutscht. Philadelphusduft wird mit einem kleinen Windhauch herangetragen, es riecht so gut nach Sommer. Auf der Promenade schmust ein Liebespaar. Paul dreht sich abrupt weg, aber Hannes schaut wohlwollend auf die beiden.
»Schau«, sagt er, aber er meint natürlich nicht, dass Paul die beiden beobachten soll, »da finden sich gerade wieder zwei, die für das Überleben des Organismus sorgen werden. Die haben sich das nicht ausgesucht, das ist Teil ihrer Aufgabe.«
»Warum hast du dann diese Aufgabe nicht erfüllt?«
Trude konnte keine Kinder bekommen – so wurde es zumindest Paul von seiner Mutter erzählt –, aber für Paul war es nie verständlich geworden, warum Hannes nicht mit einer anderen Frau ein Kind gezeugt hatte. Er hätte Trude ja deswegen nicht verlassen müssen, und Paul hätte Trude nie den Mut zugetraut, Hannes zu verlassen, auch wenn sie als Berufstätige finanziell nie von ihm abhängig gewesen war.
»Weil ich gedacht habe, dass ich als Individuum entscheiden kann.«
»Das hast du gemacht: eine individuelle Entscheidung getroffen, die nicht im Interesse eines großen Organismus sein kann. Da stellt sich die Frage, warum hat der Organismus dich dann nicht abgestoßen? – Um in deiner Ideenwelt zu bleiben.«
»Weil der Organismus auf viele verschiedene Fähigkeiten setzt. Er ist ja schon weit entwickelt. Irgendwas werde ich schon beigetragen haben zur Aufrechterhaltung des Systems.«
»Wenn Du die Menschheit so umfassend als eins siehst, dann könnte man doch überlegen, ob nicht die Planeten und Sterne ebenfalls Teil deines Systems sind.«
Hannes bückt sich am Wegesrand in den Klee. Vielleicht hört

er manchmal schon schlecht, aber sein Blick ist noch immer erstaunlich scharf in der Ferne. Er pflückt ein Kleeblatt und hält es Paul hin.

»Drei Blätter. Das ist das Normale. Aber vier Blätter gibt es auch häufig und sie schmecken sicher genauso gut, wenn man Klee fressen mag. Weil es sie seltener gibt, hat man ihnen einen besonderen Wert zuerkannt, aber der ist nur symbolisch. Das ist auch bei uns Menschen so: die etwas darstellen, was selten ist, gelten als besonders. Ob das jetzt auf- oder abgewertet wird, ist noch offen, aber es scheint nützlich zu sein, nicht zu sehr von der dominanten Vorgabe abzuweichen.«

Paul will nicht lockerlassen, weil er seine Chance sieht, das Individuum in Hannes' Ideenwelt wieder zur Herrschaft zu verhelfen. Anorganisches eignet sich nun mal gar nicht für die Vorstellung von einem Organismus, und wenn Hannes in diese Falle tappt, hat Paul gewonnen: »Ist der globale Organismus Mensch jetzt in deinen Augen ein Parasit oder nur eine Spezialisierung des Organismus Welt wie eine Niere ein Spezialorgan des Organismus Säugetier ist?«

Weil Hannes nicht gleich antwortet, schiebt Paul noch nach: »Denn wenn der Organismus sich nur aus dem globalen Menschen zusammensetzt, stellt sich für mich die Frage, wo der Kopf geblieben ist –«

»Wahrscheinlich gehört alles zusammen, aber wir sind es so gewöhnt alles zu trennen und isoliert zu betrachten. «

»Falls alles zusammengehört und die Milchstraße und alle existierenden Galaxien ebenfalls Teil dessen sind, was du Organismus nennst, dann wären wir wirklich nur Zellen im System – oder vielleicht sogar nur Atome. Aber das ist natürlich eine religiöse Frage, und darauf werden wir keine bewiesene Antwort finden.«

Erledigt.

Aber nicht für Hannes! »Die unabänderliche Unwissenheit kannst du auch nicht beweisen. Vielleicht gibt es ja einen Zustand, in dem wir alles erkennen.«

Paul besteht darauf: »Ich verlasse mich nicht darauf. Und deshalb suche ich lieber Erkenntnis dort, wo ich Chancen habe, sie zu finden.«

Hannes legt Paul den Arm auf die Schulter. »Siehst du«, sagt er,

»was uns als lohnenswert erscheint, ändert sich im Leben sehr stark. Früher hätte ich mich auch mit anderem beschäftigt. Aber ich bin froh, dass ich alt genug geworden bin, diese Fragen auch noch spannend zu finden.«
Pauls Tränen überraschen nur ihn. Seine Dankbarkeit, dass Hannes lebt und mit ihm diesen Ausflug macht, wird ihn nicht dazu verführen, der esoterischen Idee eines globalen menschlichen Organismus zu verfallen, aber der Menschheit verbunden fühlt er sich in diesem Augenblick mehr als sonst.

Immer wenn Hannes nach einem Ausflug mit Paul heimkommt, ist er froh, müde zu sein von den Stunden Bewegung und vor allem von den Gesprächen. Das sind die Abende, an denen er früh ins Bett gehen kann. Noch wirkt der Trost der Begegnung, noch fächeln die Gedanken Sauerstoff ins Hirn und überlassen der Leere keinen Platz. Jetzt noch ein paar Seiten lesen, dann fallen seine Augen zu. Den Schlaf begrüßt Hannes wie ein Leo beim Nachlaufenspiel.
Der Einsamkeit im Schlaf ist schließlich noch jeder wieder entronnen.

Manfred Nowak

MENSCHENRECHTE ALS ORDNUNGSRAHMEN EINER GLOBALEN GESELLSCHAFT

1. Globalisierung

Globalisierung passiert, ob es uns passt oder nicht. Wir erleben sie täglich, wenn wir uns ins Internet einloggen, mit unserem Handy ein SMS um die Welt schicken oder mit Staunen die Reaktionen auf politische Ereignisse an den internationalen Börsen zur Kenntnis nehmen. Die Informations- und Kommunikationstechnologie ist die dominanteste Kraft in diesem globalen Produktions- und Konsumationssystem, das mit atemberaubender Geschwindigkeit in alle Sphären der menschlichen Existenz vordringt. Nicht nur das Internet, die Finanzmärkte, CNN, Coca-Cola, Shell & Co agieren heute global, auch El Kaida, die organisierte Kriminalität, der Drogen-, Waffen-, Frauen-, Kinder- und Organhandel. Nicht zu vergessen natürlich jene zwischenstaatlichen Institutionen, in denen die neoliberalen Spielregeln für den Welthandel, internationale Investitionen und globale Finanzmärkte festgelegt werden, allen voran die Welthandelsorganisation (WTO), die Weltbank und der Internationale Währungsfonds.

Globalisierung bedeutet Agieren und Denken ohne Rücksicht auf nationale Grenzen. Die auf dem Westfälischen Frieden basierende Weltordnung souveräner Nationalstaaten scheint mit großen Schritten ihrem Ende zuzugehen. Das Budget und die Macht vieler transnationaler Konzerne beträgt ein Vielfaches dessen, worüber kleine oder auch mittelgroße Staaten verfügen. Das Phänomen der »failed States« ist nicht nur ein afrikanisches Problem, das wir von Somalia bis nach Sierra Leone mit Schrecken verfolgen. Während ich diese Zeilen schreibe, führt Israel einen Krieg gegen ..., nein nicht gegen den Libanon (gegen »failed States« kann man nämlich keinen Krieg führen, selbst wenn man ihre Infrastruktur zerstört), sondern gegen die Hisbollah, so wie die Vereinigten Staaten seit September 2001 einen Krieg gegen den globalen Terrorismus führen, also einen globalen Krieg, der jederzeit überall auf der Welt seine Spuren hinterlassen kann, wie CIA-Rendition-Flüge mit gecharterten Privatflugzeugen oder Folter durch private Sicherheitskonzerne im Auftrag der CIA im Irak und Afghanistan.

Globalisierung ist nicht nur ein Produkt der Kräfte des freien Marktes. Die seit Ronald Reagan und Maggie Thatcher dominierende Ideologie des Neoliberalismus hat das erklärte Ziel, staatliche Strukturen durch private zu ersetzen. Unter den Schlagwörtern der Privatisierung, Deregulierung und eines »schlanken Staates« verkaufen gerade europäische Regierungen freiwillig all das, was ihnen früher Macht, übermäßigen Einfluss, aber auch zusätzlichen Handlungsspielraum zum Regieren, das heißt Gestalten, verliehen hat: von staatlicher Industrie über die Bahn, Post, Telekommunikation, Straßen, Banken, Versicherungen, Krankenanstalten, Stromgesellschaften, Fluglinien, Rundfunkanstalten, Schulen und Universitäten bis hin zu Wald und Wasser, Gefängnissen und Polizei. Keine für die Daseinsvorsorge noch so wichtige staatliche Institution ist vor dem Gang an die Börse, also dem Ausverkauf an transnationale Konzerne, Investoren und Spekulanten, sicher. Kein Wunder, dass der Handlungsspielraum nationaler Regierungen immer kleiner wird, dass souveränes Regieren zunehmend zum Reagieren verkommt.

Globalisierung ist auch ein Bewusstseinsprozess. Wir verfügen heute dank der globalen Medien über ein durch die Macht dieser Medien und Kommunikationsagenturen gesteuertes, aber dennoch besseres Wissen über die Entwicklungen und Geschehnisse auf dieser Welt als jemals zuvor. Auch wenn uns die Ursachen und Zusammenhänge dieser Ereignisse nicht immer bewusst sind und auch oft bewusst verschleiert werden, so führt die Zunahme des globalen Wissens notwendig zur Herausbildung eines globalen Bewusstseins. Hunger und Armut in Afrika, Naturkatastrophen in Südostasien, im Pazifik und in der Karibik, Kriege und Terror, neue soziale Bewegungen in Lateinamerika, um nur einige der jüngsten Entwicklungen und medialen Schlagzeilen zu nennen, werden nicht mehr als nationale oder regionale, sondern als globale Trends und Events wahrgenommen. Globales Bewusstsein führt zu einem Gefühl der globalen Verantwortung. Nicht nur Kriege, Kriminalität und Menschenrechtsverletzungen, auch Tsunamis, Hurrikane, das Ozonloch, Hunger und Armut werden als Phänomene und Probleme wahrgenommen, für die wir Menschen auf dieser Welt eine gemeinsame Verantwortung tragen. Natürlich gibt es immer Tendenzen, die anderen für alles verantwortlich zu machen, die Moslems für den Terror, die Afrikaner für den Drogenhandel, die Russen für die Mafia und die Amis für alles sonstige Schlechte auf dieser Welt. Aber hinter diesen vordergründigen Schuldzuweisungen steckt dennoch das wachsende Gefühl vieler Menschen, dass globale Probleme globale Lösungen erfordern. Dieses Gefühl manifestiert sich im Entstehen einer globalen Zivilgesellschaft, sei es im Bereich von Umweltbewegungen wie Greenpeace, Menschenrechtsorganisationen wie Amnesty International oder Human Rights Watch, globalisierungskritischer Bewegungen wie Attac oder dem Weltsozialforum.

Globale Verantwortung zeigt sich beim bewussten Konsum von »Fair-Trade«-Produkten ebenso wie bei der »Corporate Social Responsibility« (CSR) jener transnationalen Unternehmen, die sich in dem von Kofi Annan initiierten Global Compact zusammengeschlossen haben. CSR ist zum einen eine Gegenreaktion von Unternehmen auf berechtigte Kritik wegen umweltschädlichen, menschenrechtswidrigen oder sonst unverantwortlichen Verhaltens. Das freiwillige Bekenntnis zu einer sozial verantwortlichen Unternehmenskultur hat beispielsweise wesentlich dazu beigetragen, das durch den gewaltsamen Konflikt mit dem indigenen Volk der Ogoni im Niger-Delta und der Brent Spar Affaire schwer angeschlagene Firmenimage von Shell wieder aufzupolieren und die entstandenen Verluste zu reduzieren. CSR ist kein Akt der Barmherzigkeit, sondern Ergebnis einer Kosten-Nutzen-Analyse in Zeiten, in denen der globale Informationsfluss nicht nur staatliches, sondern auch unternehmerisches Handeln einer gesteigerten externen Kontrolle unterwirft. Darüber hinaus ist der Trend zu CSR aber auch der Einsicht zu verdanken, dass sich die globale

Machtverteilung deutlich zugunsten der Konzerne verschoben hat und dass größere Macht auch größere Kontrolle bedeutet. Verantwortliches und nachhaltiges Management der Konzerne wird aber nicht nur von der globalen Zivilgesellschaft eingefordert, sondern zunehmend auch von Konsumenten und Aktionären. In den 1980er-Jahren wurde Verantwortlichkeit und Nachhaltigkeit vornehmlich ökologisch definiert, in den 1990er-Jahren setzte sich allmählich die Idee der sozialen Verantwortung durch. Seit Beginn des 21. Jahrhunderts übernehmen die Menschenrechte allmählich die Aufgabe, CSR mit Leben und klar definierten Inhalten zu erfüllen, ähnlich wie die Menschenrechte in den letzten Jahrzehnten dem globalen Entwicklungsdiskurs etwas konkretere Konturen verliehen haben. Denn im Unterschied zu den in diesem Zusammenhang gerne gebrauchten Begriffen der Nachhaltigkeit, Good Governance oder Demokratie sind die Menschenrechte heute bis ins Detail definiert und in rechtlich verbindlicher Weise kodifiziert, sodass sie mit Recht als das einzige universell anerkannte Wertesystem der Gegenwart angesehen werden.

2. Menschenrechte

Historisch sind die Menschenrechte als, meist revolutionäre, Reaktion auf konkrete Bedrohungen und Unrechtserfahrungen entstanden, wobei die auf der europäischen Aufklärung beruhende Grundidee von subjektiven Rechten des Individuums gegenüber der Allgemeinheit Ausdruck des Übergangs von der mittelalterlichen Untertanenmentalität zur neuzeitlichen Staatsbürgerqualität ist. Grundwerte wie Leben, Freiheit und Eigentum wurden nicht mehr als Pflichten von Untertanen (»Du sollst nicht töten, Du sollst nicht stehlen«), sondern als Rechte von Staatsbürgern auf Leben oder Eigentum begriffen. Die gegen die Unterdrückung durch Absolutismus, Feudalismus und die Macht der katholischen Kirche gerichtete französische und amerikanische Revolution des späten 18. Jahrhunderts führte zur Anerkennung einer so genannten ersten Generation bürgerlicher und politischer Menschenrechte in den Verfassungen der damaligen Nationalstaaten, die im Wesentlichen auf die Freiheit von staatlicher Unterdrückung

und die demokratische Freiheit der aktiven Teilnahme am politischen Willensbildungsprozess orientiert waren.
Die sozialistischen Revolutionen in den kommunistischen Staaten des 20. Jahrhunderts sind die Antwort auf die Ausbeutung der Arbeiter und Bauern durch Feudalismus und Kapitalismus nach den Umwälzungen der industriellen Revolution. Menschenrechtlich gesehen führten diese Revolutionen zu einer zweiten Generation wirtschaftlicher, sozialer und kultureller Menschenrechte, die allerdings nicht gegen den Staat, sondern gegen die Macht privater Unternehmen und Feudalherren gerichtet waren und vom Staat Leistungen wie gerechte Arbeitsbedingungen, soziale Sicherheit, Bildung und Gesundheit einforderten.
Eine dritte Generation kollektiver Rechte der Völker, wie insbesondere das Selbstbestimmungsrecht, das Recht auf Verfügung über nationale Ressourcen und das Recht auf Entwicklung richtete sich gegen die Unterdrückung durch Kolonialismus und Imperialismus. Diese Rechte bildeten die menschenrechtliche Grundlage für den Entkolonialisierungsprozess des 20. Jahrhunderts, einschließlich des Kampfes gegen Apartheid und Rassismus.
Während sich die ersten beiden Generationen im Rahmen nationaler Verfassungen entwickelten und erst später als westliches bzw. sozialistisches Menschenrechtskonzept Eingang in internationale (völkerrechtliche) Instrumente des Menschenrechtsschutzes fanden und dort den dialektischen Schritt von der These und Antithese zur Synthese vollzogen, stellt die dritte Generation einen Beitrag des Südens, insbesondere Afrikas, zum internationalen Menschenrechtsschutz dar. Dieser begann erst nach Ende des 2. Weltkriegs als völkerrechtliche Antwort auf die totale Unterdrückung der Menschenwürde durch den Nationalsozialismus. Es bedurfte offenbar des Völkermords an sechs Millionen Menschen, bis der Staatengemeinschaft klar wurde, dass der Schutz der Menschenrechte nicht den Staaten allein überlassen werden durfte, sondern eine legitime Angelegenheit des Völkerrechts ist. Auf dieser Erkenntnisbasis begannen die Vereinten Nationen (neben regionalen Organisationen wie dem Europarat, der Organisation amerikanischer Staaten oder der Afrikanischen Union) mit der universellen Kodifizierung der Menschenrechte und der Schaffung spezieller Organe und Verfahren zu deren Durchset-

zung. Dieser Normsetzungsprozess ist heute weitgehend abgeschlossen. Die vielfältigen Menschenrechte unterschiedlicher Provenienz verschmolzen in einem langwierigen Entwicklungsprozess zu einem gemeinsamen Ganzen. Sie wurden in einer Vielzahl völkerrechtlicher Verträge kodifiziert, die heute von der überwiegenden Mehrheit der Staaten ratifiziert und somit als rechtlich verbindlich anerkannt wurden.
Dank dieses aufwendigen Kodifizierungsprozesses, der sich über mehr als ein halbes Jahrhundert hingezogen hat, wissen wir heute genau, welche Mindestgarantien auf ein Leben in Freiheit und Würde allen Menschen dieser Welt zustehen. Schwieriger ist hingegen die Frage zu beantworten, wie dieses universell anerkannte Wertesystem wirksam gegen jene Kräfte durchgesetzt werden kann, die Menschenrechte in der Praxis verletzen und Bemühungen jener behindern, die an effizienten Maßnahmen ihres Schutzes und ihrer Gewährleistung interessiert sind. Dazu gehören nicht nur bessere Kontrollmechanismen und der politische Wille zur zwangsweisen Durchsetzung der Menschenrechte, sondern auch Bemühungen, sie als normative Basis zur Bewältigung der großen Herausforderungen dieser Zeit anzuerkennen, sei es die Bekämpfung der Armut, des Terrors, des Rassismus, der ethnischen und religiösen Gewalt oder die Lösung der Umwelt-, Flüchtlings-, Hunger- und Migrationsprobleme. Mit anderen Worten: Wie können die universell anerkannten Menschenrechte für die Lösung der globalen Probleme und Herausforderungen unserer Zeit in optimaler Weise fruchtbar gemacht werden?

3. Effiziente globale Strukturen

Globalisierung bedeutet also einen primär technologisch und ökonomisch gesteuerten Prozess, der nicht nur neue Bedrohungen mit sich bringt, sondern auch Chancen für globales Bewusstsein und Verantwortung zur Lösung der Probleme unserer Welt in sich birgt. Die Menschenrechte als einzig global kodifiziertes und anerkanntes Wertesystem unserer Zeit sind ein solides inhaltliches Ziel für die globale Gesellschaft. Nicht Industrialisierung und Wirtschaftswachstum sind das Ziel von Entwicklung, sondern eine globale Gesellschaft, in der alle Menschenrechte in möglichst umfassender Weise verwirklicht sind. Der erste Schritt für einen globalen Entwicklungsprozess ist die Bekämpfung der Armut. Die Staats- und Regierungschefs dieser Welt haben dieses Ziel mit der Verabschiedung der Millenniums-Entwicklungsziele im Jahr 2000 feierlich bekräftigt, aber seither wenig getan, diese bis zum Jahr 2015, wie vorgesehen, in die Realität umzusetzen. Dazu ist ein menschenrechtliches Verständnis von Armut erforderlich. Armut ist nicht dann besiegt, wenn alle Menschen über ein Einkommen von mindestens einem Dollar pro Tag verfügen, sondern wenn alle Menschen Zugang zu kostenloser Primärschulbildung und Gesundheitsversorgung, zu ausreichender Nahrung, sauberem Wasser, zu einer gerechten Justiz und zu anderen elementaren Menschenrechten haben, die es ihnen ermöglichen, ein Leben in Würde zu führen. Dazu gehört natürlich auch, dass sie nicht Opfer von Diskriminierung, Marginalisierung, Umweltzerstörung oder Gewalt werden.

Mit anderen Worten, die Menschenrechte sind ein ausreichendes inhaltliches Normengefüge für die Realisierung der globalen Ziele eines Lebens in Frieden, Freiheit, Sicherheit, Gerechtigkeit und Würde. Was jedoch fehlt, ist ein globaler Ordnungsrahmen, in dem die unterschiedlichen Initiativen zur Lösung globaler Probleme kanalisiert, gebündelt und durchsetzbar gemacht werden. Denn die Kräfte des Marktes sind nur sehr beschränkt fähig, die drängenden Probleme der Gegenwart zu lösen. Die ungezügelte technologische und ökonomische Globalisierung bedarf eines politischen Korrektivs. Die Vereinten Nationen sind zwar eine globale Organisation, ihre Problemlösungskapazitäten orientieren sich jedoch an den nationalstaatlichen Bedrohungsszenarien des Jahres 1945. Auch die jüngsten Reformen und die stärkere Betonung der Menschenrechte geben keine überzeugende Antwort auf die Herausforderungen der Globalisierung.

Der Unilateralismus der USA ist gleichzeitig Ursache und Folge der Schwäche der Vereinten Nationen. Aber selbst die Vereinigten Staaten werden nach den katastrophalen Entwicklungen in Afghanistan, im Irak und im Nahen Osten eines Tages erkennen, dass die gezielte Schwächung der UNO sowie einseitige militärische Gewalt keine Antwort auf globale Bedrohungen wie Terrorismus darstellen. Um Terrorismus nachhaltig zu bekämpfen wird man an dessen Ursachen ansetzen müssen. Ernsthafte Initiativen zur Lösung des Palästina-Problems und anderer Konflikte im Nahen Osten, ein weniger arroganter Umgang mit anderen Kulturen sowie überzeugende Konzepte zur Bekämpfung der Armut und globaler Umweltbedrohungen sind nur besonders nahe liegende Beispiele, wie dem globalen Terrorismus der Nährboden entzogen werden könnte. Dazu bedarf es freilich zweier wichtiger Voraussetzungen: des politischen Willens der relevanten Akteure und einer effizienten globalen Organisation, in der Entscheidungen gefällt und auch durchgesetzt werden können.

Eine Weltorganisation, deren Aufgabe die Lösung globaler Probleme ist, muss sich allmählich vom Nationalstaatsprinzip verabschieden. Jene globalen Akteure, die neben den Regierungen Verantwortung für die Zukunft unseres Planeten übernehmen, wie transnationale Konzerne oder Repräsentanten der organisierten Zivilgesellschaft, müssen Sitz und Stimme haben und entsprechend in den politischen Entscheidungsprozess integriert werden. Es ist nicht einzusehen, warum die Menschen dieser Welt nur über staatliche Regierungen in der Weltgemeinschaft vertreten sind. Auch internationale Konventionen sollten für jene nichtstaatlichen und zwischenstaatlichen Akteure geöffnet werden, die bereit sind, die vertraglichen Verpflichtungen zu erfüllen. Vielleicht ließen sich die notorischen Budgetprobleme der Vereinten Nationen schon dadurch lösen, dass transnationale Konzerne zur Mitgliedschaft mit entsprechenden Rechten und Pflichten, wie die Leistung von adäquaten finanziellen Beiträgen, eingeladen werden.

Schließlich sollten globale Organe geschaffen werden, die unabhängig von Regierungen Entscheidungen treffen und durchsetzen können. Ein revolutionärer Akt war die Errichtung des Internationalen Strafgerichtshofs in Den Haag, wodurch die Verantwortung für Kriegsverbrechen und schwerste Menschenrechtsverletzungen von den Regierungen auf die individuellen Straftäter verlagert wurde, und zwar unabhängig davon, ob es sich um Regierungschefs handelt oder um Militär- und Polizeikommandanten, Guerilla-, Drogen-, Mafia- und Terrorbosse, um Manager transnationaler Konzerne oder einfach um Private. Leider ist der Internationale

Strafgerichtshof in Ermangelung globaler Polizei- oder Militärkräfte weiterhin auf die Mitwirkung nationaler Sicherheitskräfte zur Durchsetzung eines globalen Haftbefehls oder sonstiger Entscheidungen angewiesen.

Nach dem Vorbild des Internationalen Strafgerichtshofs sollte auch ein Internationaler Menschenrechtsgerichtshof eingerichtet werden, der über Klagen von Opfern schwerer Menschenrechtsverletzungen gegen Staaten, aber auch gegen nichtstaatliche Akteure in rechtsverbindlicher Weise entscheiden kann. Neben unabhängigen Gerichten bedarf es allerdings auch einer Mindeststruktur von permanenten Polizei- und Militärkräften, die nur der Weltorganisation unterstellt sind und auch ohne entsprechende Entsendung durch Regierungen zur Prävention bewaffneter Konflikte oder zur Beendigung schwerer Menschenrechtsverletzungen eingesetzt werden können.

4. Paradigmenwechsel in Sicht?

Statt die Globalisierung zu kritisieren sollten wir das enorme Potenzial erkennen, das mit der Schaffung globaler Strukturen eröffnet wird. Globale Probleme sind leichter durch globale Strukturen lösbar als durch veraltete nationalstaatliche Denkmuster. Die großen Probleme unserer Zeit wie Kriege, Armut, Menschenrechtsverletzungen und Terrorismus sind nicht neu. Aber mit der Schwächung staatlicher Strukturen und dem Auftauchen mächtiger globaler Akteure, die weder Sitz noch Stimme in jenen Organisationen haben, deren Aufgabe die Lösung globaler Probleme ist, hat sich ein gefährliches Machtvakuum aufgetan. Nichtstaatliche Akteure wie Repräsentanten einer globalen Zivilgesellschaft oder transnationale Konzerne sind bereit, gemeinsam mit Regierungen und internationalen Organisationen Verantwortung für unsere Welt zu übernehmen. Die international kodifizierten Menschenrechte sind ein positiver Ausdruck der Globalisierung. Als Wertesystem, das von Staaten unter aktiver Beteiligung der Zivilgesellschaft und internationaler Experten entwickelt wurde, bilden sie jenen inhaltlichen Bezugsrahmen, an dem sich die Entwicklung der globalen Gesellschaft orientieren sollte. Die Ein-

haltung der Menschenrechte ist die wichtigste Voraussetzung für die effiziente Bekämpfung von globalen Bedrohungen. Was wir dringender als je zuvor brauchen ist eine Organisationsstruktur, in der alle relevanten staatlichen und nicht-staatlichen Akteure entsprechend vertreten sind, die sich an den international kodifizierten Menschenrechten orientiert, mit unabhängigen Organen ausgestattet ist und über die entsprechenden Machtbefugnisse verfügt, um die Menschenrechte in der Praxis durchzusetzen.
Die Geschichte lehrt uns, dass Menschenrechte revolutionären Ursprungs sind und immer dann einen Entwicklungsschub vollzogen haben, wenn der Leidensdruck unerträglich wurde. Ich bin der Meinung, dass der Leidensdruck der Armen, Entrechteten, Unterdrückten und unter dem Joch von unzähligen Kriegen leidenden Menschen wieder ein Ausmaß angenommen hat, das einen neuen Entwicklungsschub in Richtung eines effizienten globalen Ordnungssystems auslösen wird. Gleichzeitig hoffe ich, dass dieser Paradigmenwechsel nicht durch einen Dritten Weltkrieg oder eine blutige Weltrevolution erzwungen, sondern auf eine friedliche und vernunftgeleitete Weise erreicht werden kann.

Anton Pelinka

MEHR – NICHT WENIGER GLOBALISIERUNG

Globalisierung findet statt – ob wir es wollen oder nicht. Sie findet statt als wirtschaftliche und als kulturelle Globalisierung.
Die Globalisierung ist ein wirtschaftlicher Megatrend: Die Nationalökonomien werden zu einer Weltökonomie, und zwar grundsätzlich unabhängig davon, was nationale Regierungen tun. Nur diejenigen, die sich – freiwillig oder unfreiwillig – abschotten, entziehen sich dieser Entwicklung. Und das gerät ihnen nicht gerade zum Vorteil – wie die Beispiele Kuba oder Nordkorea belegen.
Das Kapital kennt keine Grenzen (mehr), der Handel kennt Grenzen immer weniger. Mit dem Kapital aber wandern auch Arbeitsplätze – allerdings ohne dass die davon unmittelbar betroffenen arbeitenden Menschen mitwandern könnten. Sie bleiben zurück – in Europa etwa. Die Folge ist das Wachsen struktureller Arbeitslosigkeit. Andere freilich – vor allem in Asien und Lateinamerika – profitieren von diesem Wandern der Arbeitsplätze: Informationstechniker in Indien, Industriearbeiterinnen in China, Beschäftigte in der Textilindustrie in Mexiko.
Die wirtschaftliche Globalisierung fördert die Ungleichheit – und sie fördert die Gleichheit. In den Industriegesellschaften werden die Reichen reicher, diejenigen, die den Nutzen aus der Beweglichkeit des Kapitals ziehen. Aber gleichzeitig nimmt die Armut in den sich industrialisierenden Ländern ab – die Wachstumsraten Chinas und Indiens und Brasiliens belegen dies.
Die Globalisierung ist ein kultureller Megatrend. Die nationalen, regionalen und indigenen Kulturen werden von einer Kultur überlagert, die in Los Angeles ebenso nachgefragt wird wie in

Shanghai, in Sao Paulo ebenso wie in Lagos. Die Existenz spezifisch bengalischer oder ägyptischer, russischer oder katalanischer Kultur geht damit nicht zu Ende. Aber in Kalkutta und in Kairo, in Moskau und in Barcelona ist, zusätzlich zu einer ethnisch differenten, eine weltweit wirksame Kultur präsent.
Das gilt auch – und gerade – für die Alltagskultur. Das alle Grenzen überschreitende Hollywood wird durch das zunehmend ebenfalls grenzenlose Bollywood ergänzt. Die Unterhaltungsmusik ist einerseits lokal – andererseits ist sie global: Die Jugendkultur in Tokio kennt dieselben Stars wie die Jugendkultur in New York.
Ein wesentlicher Bestandteil dieser globalisierten Kultur ist die globalisierte Kommunikation. Das Internet ermöglicht, dass ein Sieg oder eine Niederlage der Chicago Bulls oder von Manchester United in Sekunden um die Welt geht; und dass die Chancen und Grenzen der Informationsfreiheit in der Volksrepublik China weltweit diskutiert werden – auch und gerade in China selbst.

Die Unvermeidlichkeit der Globalisierung

Globalisierung findet statt – nicht, weil einige wenige von persönlichen Interessen gesteuerte Personen dies so beschlossen hätten; sondern weil Menschen überhaupt interessengesteuert agieren. Das gilt für die Akteure des Shareholderkapitalismus ebenso wie für die Absolventinnen und Absolventen höherer Schulen; das gilt für die Besitzer von Arbeitsplätzen ebenso wie für diejenigen, die in den Besitz eines Arbeitsplatzes gelangen wollen. Ukrainische Arbeiter haben ein Interesse daran, dass ein Auto- oder ein Elektrokonzern Produktionsstätten von West- nach Osteuropa verlagert. Das ist ebenso einsichtig wie der Umstand, dass deutsche Arbeiter das gegenteilige Interesse haben. Und dass in den Discos von Kapstadt zu einem Gutteil dieselbe Musik gespielt wird wie in den Discos von Rom, hat etwas mit den Interessen der Besucherinnen und Besucher dieser Discos zu tun.
Die Globalisierung findet statt – und zwar mit der Zustimmung eines Großteils der Betroffenen. Die Globalisierung ist ein plebiszitär-populistisches Massenphänomen.

Dagegen lässt sich vieles einwenden:
- dass die ökonomische Globalisierung das ökologische Gleichgewicht weltweit zu zerstören droht;
- dass die kulturelle Globalisierung indigene Kulturen zurückdrängt und letztlich in deren Existenz gefährdet;
- dass die Globalisierung insgesamt die Bedeutung der Demokratie dort reduziert, wo sie sich am besten bewährt hat – auf der Ebene der Nationalstaaten.

Diese richtigen Argumente können aber weder die Interessen der reichen Globalisierungsgewinner beeinflussen, die durch die Globalisierung zu Superreichen werden, noch die Interessen der armen Globalisierungsgewinner in der Dritten Welt, die durch die Globalisierung weniger arm werden. Diese Argumente können auch die Dynamik einer global vermittelten Kultur nicht bremsen, die sich – unbeschadet der Verwertungs- und Profitinteressen der Kulturindustrie – nicht gegen den, sondern mit dem Willen eines globalen Publikums durchsetzt.
Die Globalisierung ist nicht das Problem. Das Problem ist die Asymmetrie der Globalisierung: Der ökonomischen und der kulturellen Globalisierungsdynamik entspricht keine politische Globalisierung.
In den Vereinten Nationen und in anderen internationalen Organisationen wird weiterhin die Fiktion von der Souveränität der Nationalstaaten gepflegt. Es wird so getan, als könnten die Regierungen von Grenada oder Osttimor, von Laos oder den Kapverdischen Inseln wirklich das Geschehen bestimmen, das die Menschen in diesen Staaten betrifft. In Wirklichkeit ist es ganz anders: Die Regierungen dieser Staaten sind abhängig von der Weltwirtschaft – und nicht nur die Regierungen kleinerer und ärmerer Staaten.
Der 11. September 2001 hat die Verwundbarkeit der USA verdeutlicht: Die Globalisierung der Kommunikation hat relativ kleinen, wenig aufwendigen Netzwerken Instrumente in die Hand gedrückt, gegen die sich zu wehren der USA allergrößte Mühe bereitet. Die Regierungen Deutschlands und Frankreichs wiederum finden kein politisches Rezept, um der langfristig steigenden Massenarbeitslosigkeit Herr zu werden.

Die abnehmende Politikfähigkeit der Nationalstaaten

Die Globalisierung impliziert eine abnehmende Politikfähigkeit der einzelnen Nationalstaaten – und zwar in den verschiedensten Politikbereichen:

- Wirtschaftspolitik: Die Nationalstaaten werden immer mehr zu Getriebenen, die auf Vorgaben zu reagieren versuchen, ohne selbst noch agieren zu können. Bewusste Gestaltung der Politik, etwa im Sinne einer Konjunkturpolitik, ist offenkundig immer weniger möglich. Wirtschaftswachstum wird, anders als zu Zeiten des Erfolgs des »Keynesianismus«, eher durch einen Rückzug als einen aktiven Einsatz der Politik erwartet.
- Sozialpolitik: Die Finanzierung der sozialen Sicherungssysteme (zum Beispiel umfassende Kranken- und Altersversorgung) des Sozial- und Wohlfahrtsstaates sind immer schwieriger zu finanzieren. Die sozialen Leistungen werden zunehmend ausgelagert, das heißt privatisiert – und damit geht auch eine Umverteilungsleistung von reich zu arm (vermittelt durch eine progressive Steuer) zurück. Die soziale Ungleichheit in den Nationalstaaten (so auch in Österreich) wächst.
- Kulturpolitik: Die Bildungspolitik greift zur Finanzierung ihrer Vorhaben immer öfter zum Mittel der Privatisierung der Kosten (Studiengebühren, aber auch Aspekte der Autonomie von Schulen und Universitäten). Theater und Museen werden stärker von privaten Sponsoren abhängig. Der Staat hat so wesentliche Teile seiner Gestaltungsmöglichkeiten eingebüßt.
- Außen- und Sicherheitspolitik: Einzelne, vor allem kleinere Staaten sind auf eine grenzüberschreitende Vernetzung ihrer Außen- und Sicherheitspolitik angewiesen – so etwa im Rahmen von EU und NATO. Die Akteure, die über die äußere Sicherheit bestimmen, sind entweder substaatlich (zum Beispiel Netzwerke wie El Kaida) oder transstaatlich (NATO) – oder aber einige wenige Großmächte (vor allem die USA, China, Russland).

In allen diesen Politikfeldern fehlt eine konsequente Globalisierung: Die einzelnen Staaten sind nicht nur immer weniger in der

Lage, politisch wirkungsvoll zu handeln; sie sind offenkundig auch nicht, oder nur eingeschränkt, bereit, nationale Souveränitätsrechte an supranationale Einrichtungen wie die EU zu übertragen. Der Nationalismus ist einerseits lebendiger denn je – ausgedrückt im Beharren auf den Vorrang nationalstaatlichen Denkens und Handelns. Andererseits ist der Nationalismus aber auch immer weniger handlungsfähig – ausgedrückt in der immer deutlicheren Unfähigkeit der Nationalstaaten, die mit dem Begriff Globalisierung beschriebenen Trends kontrollieren und steuern zu können.
Mit der Politikfähigkeit nimmt aber die Demokratiequalität ab: denn das Modell der liberalen Demokratie baut auf der Existenz demokratischer Nationalstaaten. Demokratie jenseits dieser Nationalstaaten gibt es nicht oder nur in Ansätzen – etwa in der Europäischen Union. Eine Demokratie auf globaler Ebene gibt es jedenfalls nicht. Mit der Verschiebung von der staatlichen auf die globale Ebene ist daher auch ein Demokratieverlust verbunden.

Politische Globalisierung zur Rückgewinnung der Politikfähigkeit

Globalisierung bedeutet, dass Menschen von den Folgen vor allem ökonomischer Vorgänge betroffen sind, die sich der nationalstaatlichen und damit der demokratischen Kontrolle entziehen. Die demokratische Antwort auf diesen Prozess der Demokratieverflüchtigung kann nicht der ehrenwerte, aber naive Versuch sein, die Globalisierung zu stoppen. Die demokratische Antwort muss der Versuch des Aufbaus globaler Demokratie sein.
Für einen solchen Versuch fehlen umfassende Erfahrungen ebenso wie konsistente, in sich schlüssige Modelle. Globale Demokratie hat es noch nie gegeben – und transnationale Demokratie, konzipiert etwa für einen Kontinent, gibt es erst in Ansätzen, eben in der EU. Das bedeutet aber nicht, dass eine solche, die einzelnen Staaten überschreitende, letztlich globale Demokratie nicht möglich wäre. Auch die Demokratie der Nationalstaaten ist erst in einem mühsamen Prozess der schrittweisen Entwicklung möglich geworden, gestützt auf Erfahrungen und begleitet von einem breiten Diskurs.

Die Geschichte der USA etwa belegt dies: Die 13 nordamerikanischen Kolonien, die sich 1776 von der britischen Kolonialmacht lossagten und 1787 zu den Vereinigten Staaten mit einer eigenen, die Entwicklung einer Demokratie ermöglichenden Verfassung wurden, konnten sich nur punktuell auf Erfahrungen berufen – etwa auf die Großbritanniens nach der Glorreichen Revolution von 1688. In den meisten Bereichen betraten die USA Neuland, konzipierten sie neue Institutionen, überlegten sie neue Formen der Legitimation und der Effizienz von Politik. Und dieser Prozess der Entwicklung von Demokratie wurde von einer intensiven, kontrovers geführten Diskussion begleitet, an der sich Thomas Jefferson ebenso beteiligte wie die Verfasser der »Federalist Papers« – Hamilton, Madison und Jay.

Bei der Entwicklung einer globalen Demokratie kann die Europäische Union einige Erfahrungen einbringen – etwa die, wie mit verschiedenen Gegensätzen zwischen armen und reichen oder großen und kleinen Mitgliedstaaten umzugehen wäre. »Global Governance« ist nur als föderales System vorstellbar – also durch den Zusammenschluss zwar nicht mehr volle Souveränität beanspruchenden, sehr wohl aber hohe Autonomie genießenden Mitgliedstaaten.

Das zu überlegen bedeutet nicht, dass es nur darum ginge, ein in sich schlüssiges Demokratiemodell für eine Weltföderation zu schaffen. Es geht vor allem um die Überwindung der Interessen, die einer solchen sowohl globalen wie auch demokratischen Föderation entgegenstehen. Und dies ist eine Aufgabe für die nächsten Generationen. Doch sind schlüssige Demokratiemodelle für eine globale Föderation eine Hilfe, um das Denken in globalen politischen Kategorien zu erleichtern.

Das entscheidende Argument für eine solche Föderation ist, dass die Balance, die im 19. und 20. Jahrhundert für den demokratischen Staat gewonnen werden konnte – die Balance zwischen wirtschaftlicher Dynamik und politischer Kontrolle dieser Dynamik –, auf globaler Ebene neu konzipiert und konstruiert werden muss: Wenn dies nicht einmal versucht wird, dann werden die negativen Folgen einer die Demokratie immer mehr aushöhlenden Globalisierung immer beherrschender werden.

An der wirtschaftlichen (und kulturellen) Globalisierung führt kein Weg vorbei. Um der Demokratie willen braucht aber diese Entwicklung eine politische Globalisierung.

Gerechtigkeit – global, nicht national

Einer politischen Globalisierung steht aber das entgegen, was Samuel Huntington den Zusammenstoß zwischen den Zivilisationen nennt. Konflikte, die sich aus diesem Zusammenstoß ergeben, begleiten die Globalisierung. Sie äußern sich im Nahen Osten und in Kaschmir, in Nigeria und im Kaukasus, in Sri Lanka und in den Philippinen: Die wichtigsten internationalen Konflikte des beginnenden 21. Jahrhunderts drücken eher eine Verschärfung und nicht eine Verringerung der Gegensätze zwischen den Zivilisationen aus. Die Welt kennt nicht eine Zivilisation – sie wird von Zivilisationen beherrscht, die sich nur zu oft voneinander feindselig abgrenzen.

Huntington schreibt den Religionen die entscheidende Prägekraft für die einzelnen Zivilisationen zu: Nicht Nationen, sondern Religionen bestimmen über die Identität der Zivilisationen – und über die Abgrenzungen zwischen diesen Zivilisationen.

Religionen haben allerdings oft globale Ansprüche. Das gilt insbesondere für die katholische Kirche, die eine Art religiöse »Global Governance« entwickelt hat – ein weltumspannendes Netzwerk von Strukturen, die einer Weltzentrale unterstellt sind. Aber auch der Islam und der Buddhismus und auch andere Religionen sind universal angelegt und können deshalb einen Beitrag zur Analyse der Möglichkeiten (und Unmöglichkeiten) globaler Strukturen leisten.

Der Beitrag der Weltreligionen, wie er etwa in dem von Hans Küng entwickelten Konzept eines »Weltethos« zum Ausdruck kommt, kann sich vor allem auf die Vorstellungen von Gerechtigkeit beziehen. Gerechtigkeit, dieses Schlüsselwort aller Überlegungen für die Gestaltung der Gesellschaft, hat immer etwas mit Solidarität zu tun. Die politischen Systeme der Nationalstaaten, die nach wie vor den Rahmen der Politik bestimmen, sind grundsätzlich auf nationale Solidarität abgestellt – und nicht auf internationale. Die Bereitschaft zur solidarischen Umverteilung von Wohlstand und Sicherheit beschränkt sich daher auf Nationalstaaten bzw. – als Ansatz – auf die Europäische Union. Und es ist nur schwer vorstellbar, dass verbindliche Solidarität – die immer auch Umverteilung mit einschließt – sich auf die Weltpolitik beziehen könnte.

Die Europäische Union bietet eine Probebühne, auf der die Probleme studiert werden können, die transnationale Solidarität heraufbeschwören. Auch in der EU, einer relativ homogenen Gemeinschaft, provoziert der Gedanke umfassender Solidarität heftige Widerstände. Hier könnte der Beitrag der Weltreligionen liegen: in Europa und in der Welt statt einer bloß rhetorischen Solidarität eine reale Solidarität der Umverteilung zu ermöglichen.

Demokratie hat etwas mit »Volk« zu tun – das ist unbestreitbar. Doch wer und was das Volk ist, darüber kann und muss gestritten werden. Die Globalisierung zersetzt die Relevanz eines traditionellen Begriffes von Volk: Die Entscheidung, wer Präsident der USA wird oder welche Politik die Europäische Zentralbank verfolgen soll, beeinflusst die gesamte Welt. Doch an diesen Entscheidungen kann nur das US-amerikanische Volk bzw. können nur die Institutionen der EU mitwirken.

Demokratie aber sollte die Mitwirkung aller, die von Entscheidungen betroffen sind, an eben diesen Entscheidungen garantieren. Die Globalisierung bringt es mit sich, dass dieses Merkmal verloren geht. Die demokratische Konsequenz kann nur sein, Überlegungen anzustellen, »Volk« letztlich nicht als »Franzosen« oder »Japaner«, als »Österreicher« oder »Chilenen« zu definieren – sondern als die Menschheit schlechthin.

Michel Reimon

DIE GOLDENE REGEL
EUROPA UND DER WELTHANDEL

Wer das Gold hat, macht die Regel.
Frank Stronach

Der Tausch ist eine Grundfunktion der menschlichen Gesellschaft: Egal ob Information, Waren, Devisen oder zwischenmenschliche Zuwendung – wir sind, also tauschen wir. Der Begriff »Globalisierung« beschreibt den Prozess, der diese Tauschoperationen zunehmend über den ganzen Erdball hinweg ermöglicht. Innerhalb von fünf Minuten können wir von einem Schreibtisch in Wien Simmering aus mit der Tante in Amerika chatten, unser Geld in Vietnam investieren und ein Strandhotel in Ghana buchen.

Nun beruht jeder Tausch auf Regeln. Zum Beispiel: Herbert will sein altes Auto verkaufen, Walter will es kaufen. Sie müssen sich nun auf einen Preis einigen, der beiden angemessen erscheint. Das ist eine in allen Rechtsstaaten gültige Regel. Wenn Herbert ein schmächtiger Rentner ist und Walter ein ehemaliger Profiboxer, dann könnte Walter diese Regel auch einfach ignorieren und Herbert das Auto mit Gewalt wegnehmen. Die Anerkennung von Eigentum ist demnach die Grundlage jedes Tausches. Weil das eine Regulierung ist, gibt es grundsätzlich keinen völlig deregulierten Markt. Zumindest das Eigentumsrecht muss in jeder Marktwirtschaft erhalten bleiben.

Wenn nun Walter das Auto stiehlt, also die Regel bricht, dann ist das ein Fall für Polizei und Gerichte. Ihre Aufgabe ist es, den Regelverstoß zu bestrafen und Rechtssicherheit herzustellen. Das sollte nicht mit Gerechtigkeit verwechselt werden, wird aber den

meisten Menschen dennoch als gerecht erscheinen. Warum? Weil diese Regel für beide Beteiligten gilt. Polizei und Gerichte würden auch einschreiten, wenn Herbert Walter bestiehlt, es herrscht also eine faire Ausgewogenheit, Justitia ist blind.
Nur: Was ist, wenn die Regeln nicht ausgewogen sind? Oder wenn Rahmenbedingungen, die indirekt auf unser Tauschgeschäft wirken, verändert werden? Herbert und Walter müssen sich beim Tausch auf einen Preis einigen, der beiden angemessen erscheint. Was angemessen ist, bestimmt in unserem Wirtschaftssystem das Spiel von Angebot und Nachfrage. Wird das Autobahnnetz konsequent ausgebaut und der öffentliche Verkehr kaputtgespart, so wird vermutlich die Nachfrage nach Autos steigen und den Preis für Gebrauchtwagen heben. Ein Vorteil für Herbert. Wird aber gleichzeitig die Mehrwertsteuer auf Autos gesenkt, so könnte es für Walter günstiger sein, gleich einen Neuwagen zu kaufen. Der Preis von gebrauchten Autos wird also sinken, Vorteil Walter.
Nehmen wir nun an, sowohl Herbert als auch Walter kennen die Leute, die die Regeln machen, gemeinhin »Gesetzgeber« genannt. Herbert könnte sich nun – aus purem Eigeninteresse – dafür einsetzen, Neuwagen steuerlich zu belasten, während Walter bei seinen Freunden auf eine Senkung derselben Steuern drängt. Das nennt man Lobbyismus und das Ergebnis dieses Prozesses nennt man Reform, Novelle, Anpassung oder Standortsicherung. Aber wer wird sich durchsetzen? Der, der die besseren Argumente hat? Das wäre perfekt, aber wer entscheidet über das bessere Argument? Also der, der den größeren Teil der Bevölkerung auf seiner Seite hat? Das wäre immer noch schön und würde Demokratie genannt werden. Aber letztlich ist es einfach der, der größeren Einfluss auf die »Regelmacher« nehmen kann – etwa, weil er sie regelmäßig bei Konferenzen trifft, auf Jachturlaube einlädt oder mit Jobs und Nebenjobs versorgt.
Frank Stronach, austro-kanadischer Milliardär und guter Freund der heimischen politischen Kaste, hat einmal zu einem Journalisten gesagt: »Kennen Sie die Goldene Regel? Wer das Gold hat, macht die Regel.«
Dabei ging es zwar nur um Stronachs Verhältnis zu einem Fußballklub, dessen Hauptsponsor und Präsident er war, in der österreichischen Öffentlichkeit wurde diese Aussage dennoch nicht

gerade goutiert. Natürlich, Geld regiert die Welt, das weiß man ja. Aber wenn jemand ganz ungeniert damit protzt, sich Regeln kaufen zu können, hat das etwas nicht nur vage Bedrohliches. So jemandem fühlt man sich nicht nur unterlegen, so jemandem ist man unterlegen.

Natürlich funktionieren nicht nur private Autoverkäufe nach Regeln, sondern die ganze Weltwirtschaft. Das Wort »Globalisierung« bezieht sich nicht nur auf den ständig steigenden Vernetzungsgrad der Menschen durch erhöhte Transportkapazitäten und neue Kommunikationstechnologien, sondern auch auf ein weltweites Regelwerk dafür, wie diese Vernetzung funktioniert. Tatsächlich gab es die globale Schifffahrt schon vor 500 Jahren und ein weltumspannendes Telegrafennetz bereits vor 100 Jahren. Was die derzeitige Globalisierung davon unterscheidet, sind die internationalen Verträge, die eine neue Qualität erreicht haben. Egal, ob es sich um den Welthandel mit Industriegütern, landwirtschaftlichen Produkten oder Dienstleistungen handelt oder um die Regulierung der Finanzmärkte – noch nie gab es ein derart komplexes Regime von Institutionen und Abkommen, die ökonomische Tauschbeziehungen weltweit regeln, wie jetzt.

Diese Regeln werden zwischen Menschen, zumeist Regierungen, ausgehandelt. Auch hier gilt: Wer das Gold hat, macht die Regel. Und das Gold haben vorwiegend die Nordamerikaner und Westeuropäer ...

Das Grundprinzip, nach dem die EU und die USA die internationalen Abkommen zu formen trachten, ist recht simpel. »Das Gesetz ist der Freund des Schwachen«, hat Friedrich Schiller einmal bemerkt. Daraus folgt: Dort, wo man schwach ist, besteht man auf strenge Regeln, sucht Schutz etwa durch Zölle oder Subventionen. Dort, wo man stark ist, versucht man das Regelwerk auszuhöhlen oder abzuschaffen. Deregulierung heißt das dann, oder Handelsliberalisierung. In einem Markt ohne Regeln kann man davon ausgehen, dass der Stärkere gewinnen wird.

Europa sieht sich derzeit gerne als so etwas wie das freundliche Gesicht des Westens oder Amerikas besser erzogene Schwester. Wir haben den Kyoto-Prozess vorangetrieben, setzen auf die UNO und Multilateralismus und Diplomatie, foltern weniger, drohen anderen Ländern nicht öffentlich plump mit Gewalt, und wenn wir doch wo einmarschieren, dann immer in der zweiten Reihe. Gut, die Briten sind da etwas forscher als die anderen, aber die sind auch innerhalb der EU recht renitent und eigentlich schon fast Amerikaner.

Leider stimmt dieses Bild nicht mit der Wirklichkeit überein. Die Europäische Union agiert auf den Weltmärkten und in internationalen Institutionen kaltherzig und extrem aggressiv. Hinter dem freundlichen Lächeln blitzen scharfe Zähne. Beispiele gefällig?

Das *General Agreement on Trade in Services* (GATS) ist ein Liberalisierungsabkommen für Dienstleistungen und eine der tragenden Säulen der Welthandelsorganisation WTO. Da europäische Unternehmen in den Dienstleistungsbranchen global den Ton angeben, ist das GATS vor allem für die EU von besonderer Bedeutung: Sie will Konzernen wie RWE, E.on, EdF, ENEL, Suez, Veolia, Vodafone, Deutsche Telekom oder Deutsche Post die Tore zu neuen Märkten öffnen.

Das Abkommen besteht aus zwei Teilen: Dem Vertrag, der die Liberalisierungsregeln enthält, und einer Liste, auf der steht, welche Branche in welchem Land unter welchen Erbringungsbedingungen unter das GATS fällt.

Der Vertrag hat es in sich. Er erlaubt, gegen so genannte »Handelshemmnisse«, also Gesetze, die den Marktzugang regulieren, zu klagen. Für neue Gesetze sieht er gar einen Notwendigkeitstest vor. Beschließt also zum Beispiel ein Land höhere Umweltstandards für einen Bereich, den es bereits im GATS »geöffnet« hat, so muss es die Notwendigkeit dieser Maßnahme beweisen – präventive Maßnahmen, etwa gegen den Klimawandel oder den Einsatz von Gentechnik, sind damit praktisch unmöglich. Damit geht auch hier die Regulierungsspirale nur in eine Richtung: nach unten. In Artikel XIX heißt es: »Entsprechend den Zielen dieses Übereinkommens treten die Mitglieder in aufeinander folgende Verhandlungsrunden ein, die [...] regelmäßig stattfinden, um schrittweise einen höheren Stand der Liberalisierung zu erreichen. Die Verhandlungen zielen darauf ab, die nachteiligen Auswirkungen von Maßnahmen auf den Handel mit Dienstleistungen zu vermindern oder zu beseitigen, um dadurch einen effektiven Marktzugang zu erreichen.«

In jeder dieser Verhandlungsrunden soll also die Liste der geöff-

neten Dienstleistungsbranchen länger und umfangreicher werden. Ein Ende dieser Verhandlungsrunden ist im Vertrag nicht vorgesehen. Ziel des GATS ist die totale Liberalisierung und Deregulierung aller Branchen in allen Mitgliedsländern und allen Erbringungsmodi. Zwar kann man eine liberalisierte Branche theoretisch wieder aus dem GATS herausnehmen, aber nur mit einstimmiger Genehmigung der anderen 149 WTO-Länder – und die gibt's nicht kostenlos. Jedes Land wird dabei die Interessen seiner Konzerne berücksichtigen und notfalls ein Veto einlegen. De facto kann man aus dem GATS also nur wieder herausnehmen, was ohnehin nicht umkämpft ist.
Das Problem für die europäischen Konzerne: Der GATS-Vertrag ist seit 1995 gültig – aber die dazugehörige Liste ist noch ziemlich leer. Die derzeitige Verhandlungsrunde mit dem Namen GATS2000 will und will nicht vom Fleck kommen.
Dabei hat alles ganz gut begonnen. Die Europäische Kommission und die nationalen Regierungen luden Wirtschaftsvertreter ein, ihre Wünsche bekannt zu geben: Welche Branche in welchem WTO-Land soll geöffnet werden? 2002, zu einem Zeitpunkt, als die meisten nationalen Parlamentarier in den EU-Mitgliedsländern vom GATS noch nicht einmal gehört hatten, stapelten sich in den Wirtschaftsministerien schon die Wunschzettel. Diese gingen dann nach Brüssel, damit eine gemeinsame EU-Position erarbeitet werden konnte, dann wieder zurück in die Wirtschaftsministerien zur Kontrolle, dann wieder nach Brüssel. Als Gegenstück zu dieser Forderungs- oder Request-Liste erarbeiteten Kommission und Regierungen auch eine Angebots- oder Offer-Liste. Darin wurden jene Branchen gesammelt, die Europa bereit war, für die internationale Konkurrenz zu öffnen.
Die ganze Zeit über blieben diese Dokumente geheim, es gab nur zwei Exemplare pro Land, jedes mit kleinen individuellen Markierungen versehen, um ein etwaiges Leck ausforschen zu können. In ganz Europa schlossen sich damals NGOs und Gewerkschaften zusammen, um die Offenlegungen dieser Listen zu erreichen – zunächst vergeblich. In Österreich ließ sich ein Beamter bei einer Informationsveranstaltung zu dem bemerkenswerten Satz hinreißen: »Wenn wir euch die Liste geben, dann diskutiert ihr über Sachen, die noch gar nicht beschlossen sind.«

Da schau her, ja dürfen's denn des?
Als die Listen schließlich doch durchsickerten, war schnell klar, warum auf Geheimhaltung so viel Wert gelegt worden war. Die Angebotsliste war recht kurz (natürlich, zu Beginn von Verhandlungen bietet man ja möglichst wenig), die Forderungsliste dafür umso länger. An 109 Länder, darunter viele der ärmsten der Welt, wurden umfangreiche Wünsche adressiert.[16] Allein 72 Staaten wurden aufgefordert, ihre Trinkwasserversorgung zu öffnen. Der Hintergrund: Französische und deutsche Konzerne dominieren diesen Markt weltweit.
Das GATS bietet eine einmalige Gelegenheit, auf den sensiblen Wasserbereich einen Großangriff zu starten. Denn bisher musste beinahe jeder einzelne Markt in der Dritten Welt einzeln geknackt werden. Eines der besten Beispiele wie das geht, lieferte die Privatisierung der Wasserversorgung von Buenos Aires. Die argentinische Hauptstadt war in den Siebzigern und Achtzigern durch die Landflucht extrem schnell gewachsen, für den entsprechenden Ausbau der Wasserversorgung fehlte aber das Geld. Von rund neun Millionen Einwohnern waren rund zwei Drittel nicht an das Netz des öffentlichen Versorgungsbetriebes OSN angeschlossen. Argentinien suchte bei Weltbank und Internationalem Währungsfonds um Kredite an, um den Ausbau zu finanzieren. Die beiden Organisationen sagten 100 Millionen Dollar zu, aber nur unter der Bedingung, dass das Unternehmen privatisiert würde.
Dazu muss man wissen: Beide Organisationen werden von Regierungen finanziert, dabei gilt das Prinzip »Ein Dollar – Eine Stimme«. Europa und die USA zahlen viel ein und haben daher bei der Vergabe der Kredite entscheidend mitzureden.
OSN war kein maroder Staatsbetrieb, der gerettet werden musste, sondern lieferte im Jahr vor der Privatisierung noch einen bescheidenen Gewinn ab.
Den Zuschlag erhielt 1993 ein Konsortium, dem enge Vertraute und Unterstützer von Argentiniens Präsidenten Carlos Menem angehörten, sowie die französischen Konzerne Suez und Vivendi,

16 Die Dokumente finden sich unter http://www.gatswatch.org/requests-offers.html

damals die beiden größten Wasserversorger der Welt. Massives Lobbying der französischen Regierung ist in diesem Fall verbürgt.
Das Konsortium zahlte nicht einen einzigen müden Franc für OSN. Es erhielt das Unternehmen praktisch geschenkt, nur gegen die Zusicherung eines umfangreichen Ausbauplans und niedriger Wassertarife. Und tatsächlich baute Aguas Argentinas, wie die privatisierte Firma nun hieß, das Versorgungsnetz schnell aus. Weitere 1,6 Millionen Menschen erhielten Zugang zu sauberem Wasser. Weltbank, Regierung und Konzerne feierten die Privatisierung als großen Erfolg und Modellfall für die ganze Welt. Nur einige Privatisierungskritiker nörgelten, dass vielleicht auch das öffentliche Unternehmen mit 100 Millionen Dollar schöne Erfolge hätte erzielen können ...
Doch dann kamen die Wirtschaftskrise und der Absturz der argentinischen Währung. Die Kunden zahlten ihre Rechnungen in Peso, der Konzern seine Kreditraten aber in Dollar und seine Dividenden in Franc. Je tiefer der Peso sank, desto höher mussten daher die Tarife werden. Regierung und Regulierungsbehörden wurden unter Druck gesetzt, um Preissteigerungen durchzusetzen. Der Internationale Währungsfonds verknüpfte sogar die Zusage für einen Hilfskredit damit. Mitten im totalen Zusammenbruch ihrer Wirtschaft wurden die Argentinier auch noch durch rasant steigende Wasserkosten belastet.
Dennoch gelang es Vivendi und Suez nicht, die Finanzierungslücke zu schließen. Aguas Argentinas riss tiefe Löcher in die Konzernbilanzen. Unter dem Druck ihrer Aktionäre mussten sie das Experiment in Argentinien schließlich aufgeben und sich zurückziehen.
Trotz dieses und anderer Privatisierungsdesaster[17] drängen die europäischen Dienstleistungskonzerne auf Fortschritte bei den GATS-Verhandlungen. Der Vorteil liegt auf der Hand: Es müsste nicht mehr jeder einzelne Markt mit Unterstützung von Regierungen, Weltbank und Währungsfonds geöffnet werden.

17 Mehr Details zu Aguas Argentinas und anderen Beispielen in Reimon/Felber: Schwarzbuch Privatisierung – Wasser, Schulen, Krankenhäuser ... Was opfern wir dem freien Markt?, Ueberreuter 2003

Aber die GATS2000-Runde kommt nicht vom Fleck. Bei der Ministerrunde der WTO im mexikanischen Cancún kam man im Herbst 2003 kaum dazu, über die Dienstleistungen zu verhandeln: Die Entwicklungsländer zeigten wenig Interesse daran, schließlich haben sie auf diesem Feld wenig zu gewinnen. Für Staaten der Dritten Welt und Schwellenländer ist der Agrarsektor viel entscheidender. Doch die EU und die USA wollten – unter dem Druck ihrer eigenen Landwirtschaftslobbys – hier keine Zugeständnisse machen. So kam es in Cancún zum Patt: Die ärmeren Länder mauerten beim GATS, die reichen bei der Landwirtschaft.

Zwei Jahre und viele Gespräche später kam die WTO im Dezember 2005 in Hongkong wieder zu einer Ministerrunde zusammen. Die Ausgangsposition war nahezu unverändert.

Um Bewegung in die Verhandlungen zu bringen, bot die EU an, den allerärmsten Ländern völlig freien Marktzugang zu gewähren. Aber erst, nachdem sie am letzten Verhandlungstag die Streichung ihrer Exportsubventionen für landwirtschaftliche Produkte bis zum Jahr 2013 in Aussicht gestellt hatte, gelangte man zu einem Minimalkompromiss, der ein völliges Scheitern der Konferenz (wie in Cancún und 1999 in Seattle) verhinderte.

Ob das für die Entwicklungsländer tatsächlich ein Erfolg oder doch nur ein weiterer Pyrrhus-Sieg war, wird sich erst zeigen. Denn die EU hat gerade so viel geboten, dass bei den GATS-Verhandlungen nun wieder Spielraum da ist. Entschieden ist noch nichts.

Im Zuge der WTO-Verhandlungen gelingt den europäischen Regierungen und der EU-Kommission immer wieder eine beachtliche PR-Leistung. Sie schaffen es, ihre Blockade-Haltung bei Landwirtschaftsthemen medial als Verteidigung der europäischen Landwirtschaft zu verkaufen. Irgendwie liest sich die Berichterstattung in europäischen Medien meist so, als würden hier heimische Biobauern gegen einen übermächtigen Weltmarkt verteidigt werden. Dass das nicht die ganze Wahrheit ist, zeigt gerade das Beispiel der Geflügelindustrie. Europäische Konsumenten bevorzugen Fleisch von der Hühnerbrust, andere Körperteile wie Flügel und Beine werden deutlich weniger nachgefragt. Was also damit tun? Tierfutter machen, zum Beispiel, so lässt sich ein

Teil verwerten. Und der Rest, den weder die Europäer noch ihre Haustiere wollen, den schickt man nach Afrika, zerlegt, tiefgefroren und gut subventioniert. So kommt es, dass ein Kilogramm Hühnerfleisch aus der EU im Senegal um 0,82 Euro verkauft werden kann, während lokale Kleinbauern beinahe 2 Euro verlangen müssen, um kostendeckend arbeiten zu können. 2002 haben daher 40 Prozent der senegalesischen Hühnerzüchter ihren Betrieb ein- oder umgestellt. In der Elfenbeinküste waren es 25 Prozent. Und warum erlassen die Regierungen dort keine Schutzzölle, um ihre heimischen Bauern zu schützen? Ganz einfach: Weil das nach dem derzeit gültigen WTO-Agrarabkommen nicht erlaubt ist.[18] Die Regeln verbieten es.

Während ich diese Zeilen schreibe, werden die Kanarischen Inseln von einer Flüchtlingswelle »heimgesucht«. Jeden Tag landen kaum seetaugliche Boote mit dutzenden halbverdursteter Menschen an den Stränden Fuerteventuras, wo sie von Touristen in Badehosen und Bikinis erstversorgt werden, bis die Rettung eintrifft. Die EU hat nun mit den afrikanischen Küstenstaaten kürzlich ein neues Abkommen getroffen.

Nein, der Marktdruck auf die afrikanischen Kleinbauern wurde nicht verringert, sondern die betroffenen Staaten »erlauben« nun Schiffen der spanischen Küstenwache Kontrollfahrten in ihren Hoheitsgewässern, um die Flüchtlinge rechtzeitig abfangen zu können ...

Denn wer das Gold hat, macht die Regel.

---

18 Christina Deckwirth, The EU Corporate Trade Agenda, Seattle 2 Brussels Network, 2005

Anneliese Rohrer

FUNDAMENTALES UNBEHAGEN UNBEHAGLICHER FUNDAMENTALISMUS

»Was ist denn an Fundamentalismus falsch? Als wiedergeborener Christ ist man fundamentalistisch und fanatisch. Ja, man muss fanatisch sein. Das heißt: Man glaubt leidenschaftlich daran, dass Jesus etwas ganz anderes verkörpert als der Rest der Welt. Ich würde die Europäer ermuntern, zum christlichen Fundamentalismus zurückzukehren.« Pastor Keith Boyd von der Trinity Baptist Church auf der Upper East Side in New York lässt so gar keinen Raum für Widerspruch gegen Fundamentalismus und Fanatismus.

Das passt so gar nicht zum Ambiente – wie er so dasitzt in Jeans und grauem Hemd in seinem kleinen Büro im ersten Stock des Backsteinbaus in der 61. Straße, die Beine lässig überschlagen. Bevor man noch einwerfen kann, dass beide Begriffe in Europa einen anderen Klang haben, andere Reaktionen hervorrufen, andere Gefühle auslösen, beugt er sich nach vor, nimmt die Hände des Gegenübers und sagt: »Ist es o. k. für Sie, zu beten?«

Da ist es wieder, dieses Unbehagen. Nicht wegen seines Gebets, sondern wegen der Ausschließlichkeit, die auch dieses Gespräch bestimmt hat. Wie jenes mit Tanja Jensen in ihrem Einfamilienhaus in Stamford, eine Stunde Fahrt außerhalb New Yorks. Auch sie wiedergeboren. »Sie müssen bitte verstehen, wir sind absolut davon überzeugt, die Wahrheit zu kennen«, fasst sie das Gespräch in ihrem Wohnzimmer, das noch viel von ihrer deutschen Herkunft zeigt, zusammen. Lässt sich gegen die »Wahrheit« argumentieren? Wer Gott auf seiner Seite hat, muss auf Einwände doch nicht hören?

Keith Boyd und Tanja Jensen gehören zu den Leisen. Die Lauten sind anderswo. Im Brooklyn Tabernacle in der Smith Street zum Beispiel, einem konzerthallenähnlichen mehrstöckigen Saal, wo Sonntag für Sonntag über 1500 Christen für drei Stunden ihr Hallelujah schreien, aufspringen, an Erleuchtung glauben und Pastor Jim Cymbala, einem Geistlichen ohne jegliche Theologieausbildung, gebannt zuhören. Da ist es auch wieder, dieses Unbehagen. Die Lauten sind auch in den Megakirchen über die ganze USA verstreut, in jener von Rick Warren, dem Gründer der Saddleback Church in San Clemente, Kalifornien, zum Beispiel.

Um dem Unbehagen Herr zu werden, muss man die evangelikalen Bewegungen der USA rational verstehen – und sie dann in die aktuelle Entwicklung einordnen. Für Evangelikale ist die Bibel die einzige Glaubensgrundlage. Sie sind überzeugt, dass nur jene wahre Christen sind, die sich in einer klaren Willensentscheidung zu Jesus Christus bekennen und eine ganz persönliche Beziehung zu ihm entwickeln.

Das ist eine andere Welt als jene der europäischen Taufscheinkatholiken. Wiedergeborene Christen wie Keith Boyd und Tanja Jensen gehören dazu, aber nicht alle Evangelikalen in den USA sind Wiedergeborene. Denn diese müssen wie US-Präsident George W. Bush nach einem Gespräch mit dem Starprediger der Evangelikalen, Billy Graham, einen Moment der Erleuchtung angeben; einen Moment, der ihr ganzes Leben von Grund auf verändert hat.

Diese Gruppe bezieht sich auf das dritte Kapitel des Johannesevangeliums, in dem Jesus zu dem Pharisäer Nikodemus sagt: »Wahrlich, wahrlich ich sage dir: Wenn jemand nicht aus Wasser (natürliche Geburt durch die Mutter, Anm. der Autorin) und Geist (Wiedergeburt durch den heiligen Geist, Moment der Bekehrung, Anm.) geboren ist, so kann er nicht in das Reich Gottes eingehen! Was aus dem Fleisch geboren ist, das ist Fleisch und was aus dem Geist geboren ist, ist Geist. Wundere dich nicht, dass ich dir gesagt habe: Ihr müsst von neuem geboren werden.«

Christen, die sich auf diese Bibelstelle berufen und von ihr die Sonderstellung der »Wiedergeborenen« ableiten, bilden in der gesamten evangelikalen Bewegung der USA eine verhältnismäßig kleine Gruppe, die in den letzten Jahren lediglich durch die

Prominenz der »Wiedergeburt« des Präsidenten außerordentliche Aufmerksamkeit auf sich gezogen hat. Tatsache ist aber, dass die Bewegung der evangelikalen Christen in den USA noch nie so mächtig, noch nie so machtvoll und groß gewesen war wie jetzt. Dabei handelt es sich keineswegs um eine homogene Bewegung, auch nicht um ein postmodernes Phänomen, das noch nie zuvor in der Geschichte der USA aufgetaucht wäre.

Eine grobe Einteilung ergibt drei Gruppen, von denen die erste vor allem unter Europäern und hauptsächlich durch die gewollte Verbindung von Politik und Religion das besagte Unbehagen auslöst. Die evangelikalen Traditionalisten werden gemeinhin als die »christliche Rechte« gesehen, theologisch orthodox, auf die wörtliche Auslegung der Bibel konzentriert, und somit eben fundamentalistisch. Die prominentesten Vertreter dieser Richtung sind Massenprediger Jerry Falwell und Pat Robertson, politisch aktiv, neokonservativ und die Partei der Republikaner unterstützend, fordernd und fördernd.

Die evangelikalen Zentristen sind zwar theologisch konservativ, pflegen jedoch eine gewisse Distanz zur Politik und schenken ihre Aufmerksamkeit nicht nur den fundamentalen christlichen Werten, sondern auch sozialen und ökologischen Fragen. Die kleinste Gruppe setzt sich aus den Modernisten zusammen, die sich durch eine größere innere Vielfalt und stärkere Toleranz den einzelnen Strömungen gegenüber auszeichnen.

Es gibt Einschätzungen, wonach Traditionalisten und Zentristen gemeinsam ungefähr 80 Prozent der Evangelikalen in den USA ausmachen. Das Faszinierende an der gegenwärtigen Verbindung von religiösen Bewegungen und Politik in den USA ist die Negierung jener inneren Widersprüche, die Europäern so zu schaffen macht. Jerry Falwell und seine Sympathisanten zum Beispiel vertraten nach den Anschlägen auf das World Trade Center am 11. September 2001 kurzfristig öffentlich die Meinung, diese seien Gottes Strafe für die Missachtung fundamentaler christlicher Werte in der modernen amerikanischen Gesellschaft gewesen. Gottes Zorn hätte das ganze Leid verursacht. Wer aber diese Ansichten verbreitet, der kann nicht gleichzeitig den Kampf gegen den Terror und damit im – wenn auch konstruierten – Zusammenhang den Krieg gegen den Irak unterstützen. Wenn die Türme des World

Trade Centers unter der Faust Gottes eingeknickt sind, dann müssen die Terroristen der El Kaida Gottes Werkzeug gewesen sein. Welche Rechtfertigung hätten dann die USA für ihre Verfolgung? Natürlich war diese christliche fundamentalistische Ansicht öffentlich nicht lange haltbar und musste von Falwell auch bald widerrufen werden – irgendwie, nicht ausdrücklich. Dass sich ausgerechnet Senator Jim McCain nun an der Seite dieses Vertreters der Evangelikalen zeigt, ist bemerkenswert: Es beweist die politische Macht der Evangelikalen, wenn ein als moderat und zentristisch anerkannter Senator wie McCain in einer spektakulären Kehrtwendung der eigenen Ansichten auf diese Weise politische Unterstützung sucht. Immerhin hatte McCain im Jahr 2000 Falwell noch zu den »Agenten der Intoleranz« gezählt. Mit Blick auf die Kandidatur zum Präsidentenamt 2008 toleriert McCain nun auch die fundamentalistischen Ansichten der »christlichen Rechten«, die bei den Republikanern eine »wichtige Rolle spielen, in der Politik sehr aktiv sind und das Recht haben, ein Teil der Partei zu sein«, wie er in einer TV-Talkshow erklärte. Ohne ihre Unterstützung offenbar keine Hoffnung auf Nominierung als Präsidentschaftskandidat der Republikaner!
Falwell hat jüngst auch mit der Aussage aufhorchen lassen, dass Juden keine Chance hätten, je in den Himmel zu kommen – es sei denn sie konvertierten zum Christentum. Solche Sätze sind deshalb geeignet, das Unbehagen ins Unermessliche zu steigern, weil sie in ein geschlossenes Weltbild passen, das millionenfach über Bücher und Internet von christlichen Fundamentalisten verbreitet wird: Ihm zufolge wird es vor der Rückkehr Jesus Christus zur großen Schlacht um Israel kommen, das durch ein Bündnis Russlands mit den arabischen Staaten vernichtet werden soll. Die USA werden Israel zu Hilfe eilen und als Dank für diese Rettung den Juden die Konvertierung zum Christentum abverlangen.
Es ist ein Weltbild von atemberaubender Schlichtheit, basierend auf angeblichen biblischen Prophezeiungen. Für jede Vorhersage lässt sich eine entsprechende Stelle zitieren. Am erfolgreichsten wird dieses Weltbild von dem Ehepaar Tim and Beverly LaHaye im wahrsten Sinn des Wortes vertrieben – im Format diverser Romane, von denen in den letzten Jahrzehnten über 50 Millionen Stück verkauft wurden: Romane über Endzeit, Untergang, Anti-

christ und die Rückkehr Jesus Christus. Tim LaHaye hat auch die ultimative Erlösung für wahre Christen und nur diese parat; eine Lösung, die ihm nach eigenen Angaben während eines Fluges im Flugzeug eingefallen ist: Wenn die letzten Tage der Menschheit anbrechen – und hier entsteht der Konnex zur Schlacht um Israel –, werden die wahren Christen physisch und lebendig von Gott in den Himmel geholt, alle anderen müssen in Verdammnis zurückbleiben. Schlüssigerweise nennt LaHaye seine Romanserie daher »Left Behind« und den Vorgang der »Entrückung«, also der Himmelsfahrt, »Rapture«. Man muss sich das, was das Ehepaar LaHaye mit hundertprozentiger Vermarktung auf seinen Internetseiten zu Konsum und Verkauf anbietet, bildlich so vorstellen: Angenommen ein Ehepaar ist nicht von der gleichen religiösen Intensität beseelt, dann würde ein Ehepartner bei der Rückkehr in sein Haus die Kleidung des anderen auf dem Boden vorfinden, der Körper des Partners mit dem »wahren Glauben« wäre bereits entrückt (worden). Bis es so weit sein wird, setzt Beverly LaHaye ihren Feldzug gegen den Feminismus als »Krankheit« fort. Das US-Nachrichtenmagazin »Time« führte die LaHayes Anfang dieses Jahres in der Liste der einflussreichsten Vertreter der christlichen Rechten in den Vereinigten Staaten ganz oben an.

Vor diesem Hintergrund ist – jedenfalls von Europa aus – der gegenwärtig heftig geführten Diskussion in den USA über die Trennung von Staat und Religion größte Aufmerksamkeit zu widmen. Sie ist nicht neu, sie hatte in jeder Phase der über zweihundertjährigen Geschichte der USA ihren Platz, aber sie wird mit neuer Leidenschaftlichkeit und vor allem neuer Ausschließlichkeit geführt.

So ist nicht entscheidend, ob US-Präsident George W. Bush sich seine Realität, jene der USA und der restlichen Welt tatsächlich in dem Glauben geformt hat, er habe den Auftrag für die Invasion in den Irak von Gott erhalten, er sei dazu berufen, jene Freiheit zu bringen, die »Gottes Geschenk an die Welt« ist; ob er tatsächlich bei jedem Morgengebet den Auftrag Gottes abruft. Entscheidend ist, dass ihm solches überhaupt zugetraut wird; es Menschen gibt, die diese »Informationen« für wahr halten. So wahr wie es das tägliche »Gebet für den Präsidenten« tatsächlich ist, das via Internet vom so genannten »Presidential Prayer Team« – nach dem Schock des 11. September 2001 gegründet – verbreitet wird. Auch deshalb tobt die Debatte um die Frage, ob die USA nun auf dem Weg zu einer Theokratie sind, also zu einer Herrschaftsform, bei der die Staatsgewalt allein auf religiösen Grundregeln aufbaut. Dann wären die Vereinigten Staaten als »Gottesstaat« anzusehen, als dessen einziges Unterscheidungsmerkmal zu den Gottesstaaten islamistischer Regimes die demokratischen Spielregeln verblieben. Zieht man dann noch die Militarisierung der amerikanischen Außenpolitik und die Ankündigung Bushs bei seiner Antrittsrede zur zweiten Amtsperiode im Jänner 2005, die USA wollten das Feuer der Freiheit in jedem Winkel der Welt entfachen, ins Kalkül, landet man rasch bei der theoretischen Definition des Fundamentalismus: religiöse Wahrheit gekoppelt mit Gewalt.

Allein, das Unbehagen erfasst nicht nur Europäer, die traditionell vor dem Hintergrund ihrer eigenen Geschichte religiös motivierter Kriege religiösem Eifer mit größtmöglicher Skepsis begegnen. In seinem jüngsten Buch »American Theocracy« liefert Kevin Phillips, ein junger Politstratege im Lager der Republikaner, einen äußerst beunruhigenden Befund: Die so genannte Southern Baptist Convention, die früher innerhalb der amerikanischen Baptisten zu einer wenig geachteten Minderheit zählte, habe in den letzten Jahren einen derart starken Zulauf erfahren, dass diese Gruppierung zurzeit nicht nur die gesamte Baptistengemeinschaft dominiere, sondern generell den US-Protestantismus. Am äußersten rechten Rand habe sich eine immer stärker werdende Gruppe etabliert, die nach Taliban-Art (Phillips) eine Einschränkung der Rechte der Frauen verlange, die Trennung von Kirche und Staat als Mythos sehe und offen eine theokratische Regierung auf der Basis der christlichen Dogmen fordere. Laut Phillips glaubt mindestens ein Drittel aller amerikanischen Protestanten an jene Prophezeiungen, die von Tim LaHaye getrommelt werden: die unmittelbar bevorstehende Rückkehr Jesus Christus und die physische Aufnahme der wahren Christen in das Himmelreich, Vernichtung aller anderen inklusive.

Vertreter der ultrakonservativen Evangelikalen, so Phillips, seien von jenem schlichten Weltbild überzeugt, auch politisch, das rund um die Prophezeiung der Apokalypse entworfen wird. Darin finde sich eben dann auch die Rechtfertigung für den Krieg im Irak, für den Anspruch Israels auf das gesamte biblische Land und den Ausbruch des globalen Terrors. In seiner Einschätzung hat die Bush-Administration bewusst diese Wählergruppen angesprochen und sie ermuntert, die gesamte Außenpolitik in diesem Licht zu sehen. Kritiker des Buches finden Phillips These, dass sowohl Präsident Bush als auch einige seiner Kabinettsmitglieder tatsächlich an die rein religiösen Motive ihrer Politik glauben und diese nicht nur als Marketingstrategie für die Öffentlichkeit verwenden, zwar gut argumentiert, aber nicht überzeugend.

Das Spannende an der gegenwärtigen Diskussion über Trennung von Staat und Religion – wegen der Vielfalt der »Kirchen« in den USA kann der Begriff »Staat und Kirche« nicht verwendet werden, von Staat und Religion also – ist der historische Rahmen, in dem sie stattfindet: Zeugen aller Art, von George Washington bis Thomas Jefferson, werden aufgerufen, die These der ganz speziellen Verbindung der Vereinigten Staaten zum göttlichen Willen der Staatsgründung zu beweisen.

Wer sich etwa an den Worten George W. Bushs über die »Freiheit, die ein Geschenk Gottes ist«, das die USA der Welt übergeben wollten, stößt, der wird auf ganz ähnliche Aussagen Jeffersons verwiesen: »Freiheit ist ein Geschenk von Gott«, der »Tyrannei sei ewige Feindschaft« geschworen. Wie Professor Nancy T. Ammerman von der School of Theology der Universität Boston jedoch betont, hat Jefferson nicht die politische Tyrannei, sondern die spirituelle gemeint. Bushs Gottesbegriff sei ein viel engerer als Jeffersons, viel persönlicher. Bushs Gott greift – ganz gemäß der Überzeugungen »wiedergeborener Christen« – direkt in das Leben des Einzelnen ein. Er verändert es, wie er Bushs eigenes Leben durch den plötzlichen Verzicht auf Alkohol und durch die Einsicht zur Rettung seiner Ehe verändert hat.

Sollte sich vieles, wenn nicht alles, um das Eingreifen des christlichen Gottes in die Politik handeln, so wird den meisten Europäern dennoch der emotionale und intellektuelle Zugang verwehrt werden, auch wenn selbst in der Alten Welt die evangelikalen Kirchen an Zahl zunehmen.

Ein Erlebnis jüngst in New York kann noch immer nicht persönlich, emotional und vom Verstand her eingeordnet werden: in einem Restaurant in New York mit gesenktem Kopf beim Mittagstisch in der Runde »wiedergeborener« Christinnen. Das Gebet kam so unvermittelt wie unangenehm als öffentliche Demonstration eines Glaubens. Findet sich nicht in der Bibel auch eine Stelle, die besagt, dass die wertvollsten Gebete nur unter Ausschluss eben dieser Öffentlichkeit zu verrichten sind? Warum dann diese Demonstration?

Zeugnis ablegen? Im Verlauf des folgenden Gesprächs wird wieder dieses geschlossene Weltbild gemalt, bei dem man fast verzweifelt nach Stellen für einen Diskurs sucht. Die Wiedergeborenen – im Glauben an die absolute Wahrheit – offerieren eine einfache Erklärung für ihre bedingungslose Unterstützung des Irak-Krieges: Die Freiheit, von der die Bush-Administration spricht und die sie dem Irak bringen möchte, sei vor allem die Freiheit der Missionierung in einem Land, »in dem wir Christen verfolgt werden«. Und die Mühe, das »Feuer der Freiheit in den letzten Winkel der Welt« zu entfachen, ist vor allem die Mühe der Verbreitung des Christentums.

Mit einem Schlag wird in dieser Mittagsstunde an einem Ort, der für viele Amerikaner der Inbegriff aller Fehlentwicklungen in der Gesellschaft ist, in New York eben, deutlich, was man zuvor längere Zeit nicht zu begreifen vermochte: Kurz nach dem Fall Bagdads im Frühjahr 2003 wurde der Besuch Franklin Grahams, Billy Grahams Sohn, im Irak avisiert und inseriert. Wie, so dachte man damals, ist dieser Mangel an kultureller und politischer Sensibilität möglich? Jahre danach erst, in diesem New Yorker Restaurant, kann man das Zeichen richtig deuten. Es war eine Botschaft an die Evangelikalen in den USA und an jene Christen, die das Sinnhafte und die Legitimität des Krieges bezweifelten: Die Freiheit, die wir meinen, ist auch die Freiheit der Christen zur Mission. Vorfälle wie diese mögen das Unbehagen in Europa verstärken, von wo aus die evangelikale Bewegung möglicherweise als kompakte politische Kraft erscheint.

Doch so ist es nicht. Erreicht vielleicht noch die Auseinandersetzung um die Einheit von Staat und Religion manche Teile einer breiteren europäischen Öffentlichkeit, die jüngsten Spannungen innerhalb der fundamentalen christlichen Gruppen bleiben unter der Aufmerksamkeitsschwelle des alten Kontinents.

Führende Vertreter der christlichen Rechten sind in jüngster Zeit zu diversen Fragen vehement aneinandergeraten: Soll man zu gesellschaftspolitischen Fragen wie Umweltschutz oder Immigration Position beziehen, oder sich nur auf die – politisch so relevanten – Themen wie die Verankerung des Eheverbots für gleichgeschlechtliche Paare in der US-Verfassung oder die Revidierung der Straffreiheit der Abtreibung konzentrieren? Soll die evangelikale Bewegung nun ein Dach sein, unter dem die verschiedensten theologischen Ansichten und Meinungen beheimatet sind oder soll sie nur die »reine Lehre« zulassen? In der New York Times wurde im April dieses Jahres Donald A. Carson, Professor für das Neue Testament an der Trinity Evangelical Divinity School in Deerfield, Illionois, mit folgendem Satz zitiert: »Es nennen sich heute viele Menschen evangelikal, die vor 40 Jahren noch niemand so genannt hätte.« Es fiel auf, dass sich die prominentesten konservativen Vertreter der christlichen Rechten, wie eben Jerry Falwell oder James Dobson von der ultrakonservativen Bewegung »Focus on the Family« nicht an dieser Debatte beteiligen.

Das Unbehagen über die weit verbreitete Gleichsetzung von evangelikal und fundamentalistisch ist also nicht nur eine europäische Reaktion. Auch in den USA macht es sich dort breit, wo die Überzeugung vorherrscht, die christliche Religion sei sowohl theologisch wie politisch von fundamentalistischen Gruppen in Geiselhaft genommen worden.

Auseinandersetzungen wie diese aber zeigen das Einmalige in der amerikanischen Gesellschaft deutlich auf – nicht zum ersten, sondern zum wiederholten Mal in der Geschichte des Landes: In der Kritik an der eigenen Entwicklung soll niemand Amerika selbst übertreffen.

Die alles entscheidende Frage für die Zukunft ist allerdings, ob sich die Supermacht auch dieses Mal durch einen Kraftakt der Selbstreinigung wieder rechtzeitig »selbst neu erfindet«, bevor fundamentalistische Strömungen von allen Seiten in einem globalen Zerstörungsakt aufeinandertreffen. Die USA haben die Kraft dazu. Der Rest ist Glaube und Hoffnung.

Eva Rossmann

RIEDENDORF GLOBAL

Die Sache mit der Bürgermeisterin hätte sich niemand gedacht. Aber es ist uns ja nichts anderes übrig geblieben. Da war der Kaiser-Franz von den Schwarzen und der Hofer-Sepp von den Roten, die haben sich eigentlich ganz gut vertragen. Der Kaiser-Franz war der Bürgermeister und der Hofer-Sepp war seine Opposition. So war das seit siebzehn Jahren. Heutige Jugend hin oder her, wer denkt schon, dass ein Lehrer einen Herzinfarkt kriegen kann? Aber der Kaiser-Franz hat einen bekommen. Nicht, dass die Bürgermeisterarbeit in Riedendorf so anstrengend gewesen wäre, aber irgendwie hat ihn die Sache mit dem Herz mehr mitgenommen als sein Herz selbst, man hat ihn plötzlich mit Skistecken herumrennen gesehen. Es war noch nicht lange her gewesen, da hat er Walken und so etwas im Gasthaus als »bewaffneten Wandertag« bezeichnet. Der Kaiser-Franz war immer ein Lustiger. Und plötzlich war er verschwunden. Seine Frau hat er dagelassen, aber an Vergleichbares war sie gewöhnt. Und so hat sie ihn auch nicht gesucht. Angeblich soll er weggefahren sein, um sich selbst zu finden.
Damit hat alles angefangen. Denn es war immer schon klar, dass seine zwei Stellvertreter einander nicht leiden können. Ich will ja nichts sagen, aber ich wohne im Haus neben dem Gasthaus und sehe fast alles. Wie die einander angegiftet haben, das war schon fast Hass. Der Binder-Michael hat gemeint, er muss jetzt Bürgermeister sein. Schon weil er den einzigen richtigen Wirtschaftsbetrieb im Ort hat, mit seinen Traktoranhängern. Der Dr. Karl Neuhofer hat das ganz anders gesehen. Der war sogar einmal Landtagsabgeordneter, bevor er nach Riedendorf gezogen ist. Und er war Wirklicher Hofrat, bevor er in Pension gegangen ist. Der Binder-Michael hat immer den gleichen Scherz gemacht: Was ist der Unterschied zwischen einem Hofrat und einem wirk-

lichen Hofrat? Der Hofrat arbeitet nichts und der wirkliche Hofrat arbeitet wirklich nichts. Aber dass er das in den Schaukasten der Partei gehängt hat, war schon übertrieben. Wirklich.
Dr. Neuhofer war zwar ein Zugezogener, aber kaum älter als der Binder-Michael. Und mit guten Kontakten zur Landesregierung. Das kann ja bekanntlich in einer so kleinen Gemeinde nicht schaden. Aber der Streit ist weitergegangen und plötzlich hat der Hofer-Sepp gemeint, eigentlich sei er ja der gewählte Stellvertreter und höchste Zeit, dass die Roten ans Ruder kommen. Na ja, vor der roten Gefahr hat man sich beim Hofer-Sepp nicht fürchten müssen. Das Röteste an ihm war seine Nase und die Sache mit dem Maiaufmarsch, aber Aufmarsch und Maibaumaufstellen waren bei uns in Riedendorf schon lange eins, ein Fest, wo ab und zu wer »Freundschaft« gesagt hat, und wer kann schon etwas gegen Freundschaft haben?
Im nächsten halben Jahr war dann trotzdem der Binder-Michael Bürgermeister, der Dr. Neuhofer war seine schärfste Opposition und der Hofer-Sepp war beleidigt. Noch nie war Riedendorf so überschwemmt von Flugblättern, ich hab gar nicht gewusst, dass wir so politisch sind und ich bin eine Zeit lang auf der Welt und habe schon Nixon stolpern gesehen, aber das ist eine andere Geschichte.
Dann waren Neuwahlen und dann war eine Pattstellung zwischen Rot und Schwarz, und Schwarz und Schwarz waren weiter verfeindet und die Gemeinderäte haben es nicht geschafft, einen Bürgermeister zu wählen. Wenn wir in den vergangenen Jahren keinen Bürgermeister gehabt hätten, wäre das weiter nicht aufgefallen, der Kaiser-Franz hat nicht einmal so viel getrunken, dass dem Wirt durch keinen Bürgermeister viel entgangen wäre. Aber jetzt: kein Kaiser-Franz (er soll nach Indien gegangen sein, um sich zum Jogalehrer ausbilden zu lassen, das ist inzwischen durchgesickert) und kein Bürgermeister. Der Dr. Neudorfer hat den Binder-Michael der Steuerhinterziehung bezichtigt, der Binder-Michael hat dem Dr. Neudorfer Pensionserschleichung vorgeworfen, er soll wegen seiner Bandscheiben nicht mehr beim Schreibtisch sitzen haben können, aber er war ohnehin schon 56 und irgendwie spricht die frühe Pensionierung ja auch für seine guten Kontakte. Und dem Hofer-Sepp ist man draufgekommen,

dass er ein Verhältnis mit der schlanken, rothaarigen Kellnerin aus Wien hat. Da wollte keiner mehr Bürgermeister, sondern nur in Ruhe gelassen werden.
Und dann ist sie gekommen. Es ist uns in dem Trubel ja kaum aufgefallen, dass so eine Bürgerliste kandidiert hat. Die ist was für die paar jungen Zugezogenen, nichts für bodenständige Riedendorfer.
Sie hat eine Versammlung einberufen, draußen beim Fußballplatz. Der Wirt hat Plakate aufgehängt und mit Schnitzelsemmeln um einen Euro gelockt. Und für die Vegetarier gab es Tofu-Wraps, so eine Art neumodische Palatschinken. Ich kenne keine Vegetarier in Riedendorf, aber dieses eingewickelte Dings war gut. Er ist ein seltsamer Vogel, unser Wirt, ein ziemlich berühmter Koch, der in der ganzen Welt unterwegs war, und mit einem Hang zu schrägen Ideen. Sonst wäre er auch kaum nach Riedendorf gekommen. Ich zupfe das Unkraut bei seiner Böschung, dafür kauft er mir Nüsse ab zu einem Preis, den ich nirgendwo sonst kriegen würde. So wäscht eine Hand bei uns die andere.
Ich meine, auch an Riedendorf ist die Zeit nicht spurlos vorbeigegangen und eigentlich hat gar niemand viel darüber gesagt, dass es eine Frau ist, die da eine politische Rede halten will oder wer-weiß-was-immer. Bis auf die Weber-Christl, aber die war immer schon eine Frauenfeindin, kein Wunder, würde ich sagen, warum, darüber schweige ich nobel. Könnte was mit dem alten Weber zu tun haben, der alles andere als ein Frauenfeind war. Er ruhe in Frieden. Und natürlich der Berger-Gerhard. Der hat Frauen zwar schon geschätzt, aber vor allem wenn es um die Hausarbeit ging. Das andere hat er ohnehin nicht mehr gebracht und gebraucht, das weiß ich aus zuverlässiger Quelle.
Jedenfalls hat Annemarie gut geredet, ich kenne sie ja noch als Kind, sie stammt aus Riedendorf, ihr Vater war Zimmerer, ihre Mutter Hausfrau, eine ruhige Person, sie lebt immer noch und fällt niemandem auf. Annemarie soll im Ausland studiert haben und irgendwann muss sie auch geheiratet haben, aber einen Mann habe ich nie gesehen. Sie heißt Johnson und es gibt welche, die meinen, sie hat einen leibhaftigen Neger zum Mann gehabt. Das sagt man nicht mehr, das heißt jetzt Schwarzafrikaner, hat mein Neffe gemeint. Aber was, wenn er aus Amerika war?

Annemarie hat gesagt, dass sie jetzt seit zwei Jahren wieder in Riedendorf ist und dass sie nicht zuschauen will, wie wegen der lächerlichen Streitereien die praktische Arbeit auf der Gemeinde liegen bleibt. Die Weingartenstraße ist seit sieben Monaten aufgegraben, nur weil es keinen Gemeinderatsbeschluss gibt, wie es mit den Kanalbauarbeiten weitergeht, und wenn ich zu meiner Freundin Katharina will, muss ich über ein Brett balancieren, unter mir der Abgrund und je nach Wetterlage auch ein Gestank, den ich nicht näher beschreiben will. Das mit der praktischen Arbeit ist besonders gut angekommen, vielleicht hat es auch in den Köpfen der Männer geklingelt und das mit praktischer Arbeit und Frauen ist ihnen verwandt und bekannt vorgekommen, auf alle Fälle war Annemarie quasi durch Volksbeschluss und am nächsten Tag auch durch Gemeinderatsbeschluss unsere neue Bürgermeisterin.
Das mit dem Kanal hat sie schnell hinbekommen und die Sache mit dem Schulbus für die Volksschüler auch. Der Binder-Michael hat einen alten VW-Bus gesponsert, Geld genug hat er ja, und der Gemeindesekretär hat sich bereiterklärt, die Kinder zu fahren. Und auch die Pensionistinnen, wenn wieder einmal ein Ausflug angesagt ist. Der ist eh lieber unterwegs als auf dem Gemeindeamt. Und außerdem haben wir ihr es hoch angerechnet, dass sie sich nicht von den Grünen einkaufen hat lassen. Nicht, dass ich viel gegen die hätte, schwarze Pest, rote Gefahr, grüne was-weißich, aber es gibt halt auch Engstirnige in Riedendorf, da darf es außer den traditionellen Parteien nichts geben, da haben auch die Kommunisten dazugehört, wie die alte Berger, die immer KP gewählt hat, an ihrem Grab haben sie geweint.
Und dann ist die Annemarie mit einer neuen Idee aufgetaucht. Ein jeder Idiot weiß heute ja schon, dass die Benzinpreise dauernd steigen und dass der amerikanische Präsident, der so aussieht, als käme er direkt aus der Hoppala-Sendung, wegen dem Öl dauernd irgendwo Krieg führt und dass es Kinderarbeit gibt und Terrorismus und internationale Konzerne, die Fische züchten, und damit ganze Landstriche in Afrika vernichten. Als ob die das noch nötig hätten.
Auch ich kann ja nicht nur aus dem Fenster schauen. Und selbst da: Wenn die große Straße wieder einmal gesperrt ist, sieht

man, wie die ausländischen Sattelschlepper mit Erdäpfeln und Schweinen durchfahren, so als ob es bei uns keine Erdäpfeln und Schweine gäbe. Selbst der Knoblauch, den ich gestern gekauft habe, kommt aus China.

Jedenfalls hat sie etwas ganz Geschicktes gemacht.

Die Gemeinde braucht nämlich dringend Geld. Vielleicht haben Sie es ja schon gemerkt, aber bei uns gibt es eine Menge Leute, die schon lange auf der Welt sind. Und wenn sie nicht mehr so gut beisammen sind oder ihnen gar die Frau wegstirbt, dann wird das ein Problem mit der Hilfe. Da gibt es schon so Heimdienste, aber das ist alles nicht so einfach, wenn ich bloß an den alten Holzmann denke – und wie der riecht, seitdem seine Frau am Friedhof wohnt. Da weiß ich schon bevor er um die Ecke biegt, dass er kommt. Ganz ohne Hellseherei. Auf alle Fälle will die Annemarie – alle rufen sie Annemarie, fast alle kennen sie ja von früher als Mädl, und irgendwie geht uns der Name Johnson nicht so recht von den Lippen – jetzt einen gemeindeeigenen Pflegedienst einrichten und dazu noch zwei Pflegebetten in Zusammenarbeit mit unserem Doktor. Der hat sie ja von Anfang an unterstützt, aber der malt ja auch in seiner Freizeit, ist ein halber Künstler, aber trotzdem ein guter Arzt. Ich sage immer, besser er malt, als er spielt Golf oder segelt oder so etwas. Das kostet mehr Geld und das muss er dann den Patienten abknöpfen. Die Bilder sind ziemlich groß und voller Farbe. Katharina sagt immer, so was kann ihre Enkeltochter auch, aber ich weiß nicht. Ich habe Bilder von beiden gesehen und irgendwie ist es doch kein Vergleich.

Auf alle Fälle hat Annemarie ins Wirtshaus eingeladen, weil der Gemeindesaal ist nur für die Gemeinderäte groß genug, und uns gefragt, was wir davon halten, dass Leiberln und Knoblauch aus China kommen und Turnschuhe aus Bangladesh, und ich hab mir kurz gedacht, die redet ja wie die Rechten mit den Narben im Gesicht, auf deren Plakate mein Neffe in der Nacht immer Hitlerbärtchen malt (der Polizei hab ich erzählt, er hat bei mir geschlafen, ich gelte als sehr vertrauenswürdig, das macht allein das Alter), aber dann hat sie alles erklärt – und selbst die Schäffer-Mutti, die berühmt für ihre Sparsamkeit ist, hat nicht mehr gemurrt:

5 Prozent Steuer auf alles, was von weit her kommt, das es aber bei uns auch gibt. Weitere 10 Prozent Steuer auf alles, das un-

ter verdächtigen Bedingungen hergestellt wird, also Kinderarbeit oder Frauenarbeit ohne Rechte (und das dafür 12 Stunden am Tag) oder Produkte, wo die ganze Umwelt und die Menschen noch dazu ruiniert werden, da gibt es Bücher, sagt sie, und Studien, das weiß man ziemlich genau. Die Hälfte der Einnahmen soll für Förderungen verwendet werden: die sollen erstens alle kriegen, die bei uns etwas erzeugen und es da auch verkaufen wollen. Da hat das Gesicht der Schäffer-Mutti aufgeleuchtet und sie hat schnell überschlagen, wie viel Acker sie von den Seelmanns dazu pachten kann, die brauchen ihn eh nicht. Und die sollen zweitens Initiativen kriegen, die sich um gerechten Handel und gerechte Löhne für Leute in anderen Ländern kümmern.
Und die andere Hälfte geht eben in unser Pflegeprojekt. Alles freiwillig. Natürlich. Die Gemeinderäte haben neutrale Gesichter gemacht, so etwas zwischen Pokerface und dem verschwommenen Blick nach dem achten Achterl. Man weiß ja nicht, wie so etwas ankommt. Aber es ist angekommen und so hat es der Gemeinderat auch beschlossen.
Natürlich haben sich viele gedacht, das ist ja freiwillig und außerdem: In Riedendorf gibt es gar keine Geschäfte mehr und wer rechnet schon 5 Prozent oder 15 Prozent von seinem Einkauf außerhalb herunter und bringt ihn auf die Gemeinde?
Mir jedenfalls hat das gefallen, dabei bin ich keine, die nicht aufs Geld schaut, aber als es wieder nur chinesischen Knoblauch gegeben hat, habe ich mit Freude die 5 Prozent abgeliefert. Außerdem hat so eine regionale Bauerngruppe von der Sache Wind bekommen und gemeint, sie könnten ihre Verkaufsstelle doch bei uns machen, ist ja nicht so weit weg von den umliegenden Orten. Das war der Schäffer-Mutti zwar gar nicht recht, nicht alles, was bei uns wächst, ist auch immer gut, und ihr Kraut hat manchmal gestunken, das ist bloß die Wahrheit. Aber das von dieser »Natur-Nah«-Gruppe, das hat gut gerochen. Und sie haben auch Knoblauch, der nicht so weit gereist ist.
Der Wirt wollte immer schon einen Sparverein. Zu ihm kommen die Leute zwar auch von auswärts zum Essen, vor allem in den schön gedeckten Saal, aber er hat immer so den Traum vom Dorfgasthaus gehabt, und zu dem gehört nun einmal ein Sparverein. Also hat er gemeinsam mit der Annemarie endlich einen

gegründet, einen anderen allerdings. Und in diesem Sparverein ist wöchentlich das eingezahlt worden, was nur mehr unsere Globalisierungssteuer geheißen hat. Dabei bin ich mir sicher, der alte Bernath hat in seinem Leben noch nicht einmal einen Globus gesehen, und wenn er einmal in Wien war, dann ist das für ihn eine Weltreise gewesen. Aber so hat es funktioniert, viele sind mit ihren Kassazetteln gekommen, und man hat gerechnet und debattiert und die Sierigen und Gierigen, die sich nicht blicken haben lassen, waren unten durch. Der alte Bernath hat sie Globalisierungsgegner genannt. Thomas, der Wirtschaft studiert, hat die Augen übergedreht und Annemarie hat versucht zu erklären, dass Globalisierungsgegner etwas anderes sind, aber das ist in Bernaths Hirn nicht reingegangen, also haben sie bei uns weiter so geheißen.

Es ist mehr Geld zusammengekommen, als sich Annemarie träumen hätte lassen, und dass sie ausgerechnet den noch immer ein bisserl beleidigten Hofer-Sepp gebeten hat, die Verantwortung für den Sparverein zu übernehmen, war natürlich auch nicht dumm. Plötzlich hat er so dahergeredet, dass ihn einer von seiner Bezirkspartei sogar als »Linken« bezeichnet hat, und das hat gar nicht freundlich geklungen. Das mit dem Weltfrieden mögen sie zwar alle, aber das mit Arm und Reich und was man dagegen tun kann, da wird es schon kritisch, vor allem, wenn auch die Roten bei uns zu den Reichen gehören – zumindest, wenn man es international, um nicht zu sagen, global, sieht. Irgendjemand hat da einmal was darüber gesagt, dass das Sein das Bewusstsein bestimmt. Mein Onkel hat das weniger vornehm formuliert: Was ich fress', scheiß ich.

Auf alle Fälle hat nun das Fernsehen Wind von der Sache bekommen. Da gibt es ja immer noch Redakteure, die von was anderem träumen als vom Interview mit dem besten Freund der Generaldirektorin. Und so einer ist gekommen, samt seinem Team, und hat ganz Riedendorf auf den Kopf gestellt. Die Annemarie hat darauf geachtet, dass der Binder-Michael und der Dr. Neuhofer genau gleich lang befragt werden, und Johann von der »Natur-Nah«, die für die Übergangszeit ihren Stand im Foyer der Gemeinde haben, hat gemeint, die Bauern müssen weltweit zusammenarbeiten. Nur dass ich sagen muss, dass ihre Erdbeeren trotzdem nicht

so gut sind wie meine, aber ich habe auch eine ganz besondere Sorte, Mitzi Schindler, da kann keine andere mit.
Woher die so etwas erfahren, weiß ich ja nicht, aber plötzlich war auch ein Landesrat da und wollte Annemarie vor der Kamera belobigen, aber ich habe es mir ohnehin schon gedacht, dass sie mit dieser Partie nicht viel am Hut hat. Sie hat nur gesagt, wenn er das Projekt so gut findet, dann soll er dafür sorgen, dass es unsere Globalisierungssteuer überall gibt. Das hat ihn nicht so gefreut und ich habe gesehen, wie sein Pressesprecher mit dem Redakteur am Parkplatz vor dem Gasthaus ein langes, vertrauliches Gespräch hatte.
Und als der Beitrag gesendet worden ist, sind wir alle vor dem Fernseher gehangen. Zum Glück hat sich der Wirt für die Fußball-WM einen riesigen Flat-TV gekauft, so voll war seine Schank noch nie. Kein Vergleich mit der Stimmung beim Finalspiel, aber da war ja auch Österreich nicht mit dabei. Der Landesrat ist nur mit breitem Lächeln und dem Satz vorgekommen, dass er diese Initiative sehr interessant finde. Aber viel wichtiger waren die anderen. Natürlich Annemarie. Und unsere ehemaligen politischen Streithanseln. Und der Wirt samt des besonderen Sparvereins. Sogar die Schäffer-Mutti mit ihrem stinkenden Kraut ist vorgekommen, das Geruchsfernsehen ist ja noch nicht erfunden.
Es war ein Festtag in Riedendorf, weil, sind wir ehrlich: Eine Idee zu haben, ist eines, aber wenn das Fernsehen darüber berichtet, ist das schon etwas ganz anderes.
Die Grünen haben angefragt, ob sie ihren nächsten Parteitag bei uns machen dürfen, der Wirt hat einen Parteienzuschlag verlangt, aber sie haben nicht einmal mit den Ohren gewackelt und haben alles akzeptiert.
Dann wollten die Roten eine Zukunftsdiskussion bei uns machen, am besten im Freien, aber ihre Werbeleute haben so eigenartige Vorstellungen gehabt: Kein Traktor darf fahren, schon gar kein LKW, rote Fahnen wären schön und rote Blumen auf einem Feld.
Einige Studenten sind gekommen, um eine Diplomarbeit über uns zu schreiben, sie haben uns angesehen wie exotische Tiere, und nur weil der alte Holzmann weiterhin hundert Meter gegen den Wind stinkt, müssen sie ihn auch nicht fragen, ob das Teil unserer Kampagne ist. Außerdem: was für eine Kampagne? Wir brauchen

Geld für unseren Pflegedienst. Der läuft inzwischen ganz gut, nur eben: Den Holzmann kann auch die neue Schwester Gerda nicht dazu bringen, sich regelmäßig zu waschen.
Und als ein Bus mit Globalisierungsgegnern gekommen ist, war die Verwirrung perfekt. Weil bei uns waren wegen dem alten Bernath die Globalisierungsgegner ja die, die sich nicht an der Steueraktion beteiligen. Diese anderen Globalisierungsgegner aber haben sich ausgerechnet auf meiner Wiese niedergelassen und ich habe gehört, wie sie über weltweite Steuern auf Aktiengewinne und so etwas debattiert haben. Ich meine, sie haben mir nicht ausgesehen als hätten sie die Fäden der Welt in der Hand, aber in erster Linie ist es mir darum gegangen, dass sie auf meiner Wiese hocken. Also bin ich raus zu ihnen und habe gemeint, das ist Privatbesitz und sie waren ganz von den Socken. Ich finde, von Sätzen wie »Natur gehört uns allen« oder »Verstaatlicht die Welt« kann niemand abbeißen, außerdem frage ich mich, wer würde die Welt dann verwalten, ich hab darauf beharrt, entweder sie gehen oder sie zahlen 200 Euro Benützungsgebühr. Sie haben gezahlt. Also durften sie auf meiner Wiese sitzen bleiben und quatschen. Und wenn sie Müll liegen lassen, dann kostet das 100 Euro extra. Und dass ich vom Küchenfenster aus etwas zugehört habe, ist ja nicht verboten. Um Ideen, wie man neue Mitglieder werben kann, ist es ihnen gegangen. Mich haben sie nicht gefragt. Seltsam. Und darum, dass Banken alle Briefkastenfirmen und Firmenverschachtelungen offenlegen müssen. Na, warum gibt es Briefkastenfirmen, außer um da etwas geheim zu halten? Und einer, der noch keine zwanzig sein kann, hat lange gar nichts gesagt und dann gemeint: Wenn alle Orte auf der Welt das täten, was Riedendorf macht, dann gäbe es Milliarden für den fairen Handel. Und Produkte mit Kinderarbeit würden nicht mehr gekauft, weil sie zu teuer wären. Dann sind mir eine Menge Zahlen um den Kopf geflogen.
Wahrscheinlich war ich noch etwas durcheinander, als dieser Reporter vor meiner Tür gestanden ist, und ich habe gesagt: »Die Welt soll uns das nachmachen!«
Das haben sie dann gesendet, nicht nur bei uns, sondern auch in Deutschland und angeblich sogar in Amerika.
Ich weiß noch nicht, wie die Welt reagiert. Ein paar Leute wollen

einen Verband der Gemeinden mit Globalisierungssteuer gründen, aber ich denke mir, das kann so enden wie bei vielen Vereinen. Da wird viel geredet und, wenn man Glück hat, gibt es danach wenigstens etwas zu trinken.
Als der Kaiser-Franz jedenfalls zurückgekommen ist, hat er sich sehr gewundert. Wir haben uns auch gewundert. Er hat dreißig Kilo abgenommen, hat eine Glatze und trägt ein langes, orangefärbiges Kleid. Vor Sonnenuntergang tanzt er mit kleinen Tschinellen an den Fingern hinter dem Haus und singt dazu mit hoher Stimme Indisches.
Vielleicht ist in Riedendorf einiges möglich, das sich andere Dörfer nicht einmal träumen lassen. Wenn ich so über die Hügel und die Weinreben schaue, kann ich mir das gut vorstellen. Aber wer weiß …

Armin Thurnher

IMMER DIESE GLEICHZEITIGKEIT!

Über Macht und Recht, Neofeudalismus und Naivität in kugelrunden Zeiten

Im Bett Hugh Trevor-Roper lesend höre ich im Radio, George Bush plane, die Steuereintreibung zu privatisieren. Die abgeschlankten US-amerikanischen Behörden kommen nicht mehr nach, weil es ihnen an Personal fehlt. Der Staat wird so schlank, dass andere für ihn fett werden müssen. *Privare* heißt auf Latein berauben. In den USA beraubt der Staat sich selbst; zumindest lässt er es zu, dass man ihn so sehr beraubt, dass nichts mehr von ihm übrig ist. Gefängnisse, Heer, Finanzverwaltung – gibt es das nicht mehr in öffentlicher Hand, gibt es keine öffentliche Hand mehr. George Bush, darauf haben amerikanische Kommentatoren sofort hingewiesen, gleicht mehr und mehr einem absoluten Herrscher der Gegenreformation.

Diese Hinweise zeigen übrigens Globalisierung im positiven Sinn. Ich folge dabei einer Unterscheidung des Soziologen Ulrich Beck. Unter Globalisierung versteht er die erfreulichen Effekte weltweiter Vernetzung; die negativen, in unserem Fall die Vorbildwirkung des Neoliberalismus bushscher Prägung, heißen bei ihm »Globalismus«. Der Kommentar des Ökonomen Paul Krugmann[19], der Bush einen Nachfolger Ludwigs des XII. nannte, würde nicht nur in der New York Times erscheinen, sondern als syndizierte Kolumne sogleich rund um den Globus. Wir können uns deshalb mit dem amerikanischen Sündenfall bereits jahrelang auseinandersetzen, ehe uns die reale Wirkung in Gestalt

19 Paul Krugman: Tax Farmers, Mercenaries and Viceroys, A Monarchy Commentary, NY Times vom 21. 8. 2006

irgendwelcher ÖVP-getriebener Nachahmer real trifft. Die Warnung erreicht uns vor der Praxis. Wären wir nur bereit, sie zur Kenntnis zu nehmen!
Die Bush-Regierung scheine direkt ins 16. Jahrhundert zurückzuwollen, zurück hinter alle staatlichen Errungenschaften der Moderne, schreibt Krugman. Das 16. Jahrhundert, im Übrigen eine Epoche der Globalisierung, der Entdeckungen, Raubkriege und wissenschaftlichen Entdeckungen. Gerade las ich über das Problem des Staats der Gegenreformation, wie gesagt bei Hugh Trevor-Roper, jenem schillernden englischen Historiker, dessen Flop mit den von ihm für echt erklärten Hitler-Tagebüchern zwar seine Biografie befleckt, nicht aber seine interessanten historischen Ausführungen zur europäischen Krise der Renaissance entwertet. Jedenfalls ruhte der Staat der Gegenreformation auf einer höfischen Bürokratie, er war aufgebläht und von der Kirche kontrolliert, das genaue Gegenbild der mittelalterlichen Stadtrepublik, die, von Kaufleuten regiert, Augenmaß und Balance zwischen sozialen und wirtschaftlichen Notwendigkeiten bewahrte[20]. Erst das Bürgertum der Aufklärung machte mit diesem Staat der Gegenreformation Schluss, unter dessen prolongierter Existenz wir Österreicher noch immer zu leiden haben. Deswegen grassiert bei uns die Untertanenmentalität der Staatsfeindlichkeit, die sich beim aktuellen Bundeskanzler und seinem Finanzminister aufs Merkwürdigste mit einer Imitation US-amerikanischer Globalisten mischt. Modern zu sein bedeutet ihnen, den Staat abzuschaffen. Umgekehrt schaffen die USA, glaubt man Kritikern wie Krugman, gerade die aufgeklärte Moderne wieder ab.

Geschichte ist ein widersprüchlicher Prozess. Die Globalisierung selbst beinhaltet die gegenläufige Bewegung, sodass in ihr jedes globale Ding seine zwei Seiten hat, die globalistische und die globalisierende. Selbst der Widerstand gegen Globalismus bleibe diesem insofern verhaftet, sagt Beck, als er ihm gegenüber »die Macht des autonomen Nationalstaats voraussetzt, betont und ver-

20 Hugh Trevor-Roper: Religion, Reformation und sozialer Umbruch, Dt. Propyläen Verlag 1970

teidigt«[21] Eine Macht, die – so Beck – in der ersten Moderne Bestand hatte, nicht aber in der von ihm proklamierten zweiten, in der wir uns, nach Durchqueren der Postmoderne, nun befinden. Üble Ungleichzeitigkeit: Genauso gut könnte man sagen, wir sind auf dem Weg zurück in die Vergangenheit. Gegenläufiges überall! Der so genannte Krieg gegen den Terror ist deklariert als Kampf für die Durchsetzung der Menschenrechte in Gegenden, in denen diese nicht gewahrt, nicht einmal gewährt werden. Der wichtigste aller Kämpfe geht darum, das Recht herzustellen. Logisch, dass in diesem Kampf Menschenrechte hintangestellt werden müssen! Sagen einige einflussreiche Neokonservative.

Andererseits wäre es wohl eine Illusion anzunehmen, dass im Vaterland der Menschenrechte, den USA (wenn wir Frankreich als das Mutterland betrachten), diese Menschrechte auf ewig gesichert wären und nicht fortwährend aufs Neue erkämpft werden müssten. Die stets mehr oder weniger untergründig präsenten totalitären Tendenzen im Nordamerika der 30er- und 40er-Jahre des letzten Jahrhunderts hat der Romancier Philip Roth in seinem Roman »The Plot against America«[22] vor kurzem eindrucksvoll geschildert. Er macht darin den Ozeanflieger Charles Lindbergh zum amerikanischen Präsidenten, der sich mit Hitler arrangiert. Faschismus in Amerika. Was wäre geschehen, hätte der wirkliche Lindbergh regiert, der ungeheuer populär war und auch noch nach Roosevelts Notverordnungen aus seiner Sympathie für Nazideutschland kein Hehl machte, und nicht Roosevelt, der schließlich in den Krieg gegen Hitlerdeutschland eintrat und weite Teile Europas vor dem Faschismus rettete?

Diese Art der Globalisierung nannte man Weltkrieg und zumindest drei totalitäre, faschistische Regimes fielen ihr zum Opfer. Die Sowjetunion überlebte noch 44 Jahre, bis es zur Errichtung eines neuen Weltsystems kam, das vor allem dadurch auffällt, das es kein System ist: Der Kapitalismus regiert in seinen verschiedenen Ausformungen. Mal tritt er uns demokratisch entgegen, fett, aber strukturell hilflos wie in Europa, mal tritt er uns entschlossen

21 Ulrich Beck: Der kosmopolitische Blick oder: Krieg ist Frieden. Edition zweite Moderne, Suhrkamp 2004, S. 18
22 Philip Roth: The Plot against America, Houghto-Mifflin 2004

entgegen, aber bereit, vor lauter Entschlossenheit die Grundlagen seiner selbst zu riskieren wie in den USA. Mal kommt er uns totalitär entgegen wie in China oder Russland.

Aber ist das überhaupt noch der Kapitalismus, den wir kannten? Oder vielmehr eine assoziierte Macht der Oligarchien, wie das Jean Ziegler[23] zu nennen vorzieht, der Schweizer Soziologe und UNO-Beauftragte gegen den Hunger in der Welt? Oligarchen, bei denen das politische System weniger eine Rolle spielt als die Erhaltung ihrer wirtschaftlichen Macht, Bush und Hu, Putin und die Familie Bin Laden sind einander auf dieser Ebene ähnlicher als es die Ferne ihrer jeweiligen politischen Systeme suggerieren möchte.

Längst wissen wir, dass Kapitalismus ohne Demokratie möglich ist, aber die Frage, wie lang er es durchhält, bleibt offen. Die Gegenrechnung, Demokratie ohne Kapitalismus, wird höchstens verbal aufgestellt, historisch war sie noch nirgends zu besichtigen. Den Kapitalismus gibt es genauso wenig wie die Demokratie. Immerhin hat er in seiner neuesten Ausformung, der digitalen Revolution, die Produktivität, den Reichtum in nie da gewesener Weise gesteigert. Die Möglichkeit demokratischer Teilhabe und die Erfüllung persönlicher Wünsche, die Möglichkeit von Wohlstand für alle sind im digitalen Kapitalismus ins Unermessliche gewachsen, die Gerechtigkeit der Verteilung dieses Reichtums ist hingegen drastisch gesunken.

Alles hängt in der Demokratie davon ab, ob sie sich eine Sphäre quasi neutraler, im Normalfall staatlicher Macht erhalten kann, um den Wettbewerb der so genannten Wirtschaft zu regulieren und die Macht der Besitzenden zu hemmen, um Ausgleich zu schaffen, um Minderheiten und weniger Privilegierte zu bevorteilen. In der Idee, diesen Machtausgleich gemeinsam zu regeln, sich ihm zu unterwerfen, ihn in einem ständigen öffentlichen Disput zu kontrollieren und kontrollierbar zu halten, besteht Demokratie. Die Mächtigen verzichten auf ihre Macht, aber nicht selbstlos, sondern weil der demokratische Rahmen die Ungleichheit garantiert und ihr Eigentum vor Willkür schützt.

---

23 Jean Ziegler: Die neuen Herrscher der Welt und ihre Widersacher, Bertelsmann 2003

Was wir seit 1989 als den Siegeszug des Neoliberalismus erlebt haben, war ein Sieg neoliberaler Propaganda, die diese Balance überall neu definieren möchte. Um Oligopole zu schaffen und die Konzentration des Kapitals ungeachtet von lästigen Regulierungen betreffend Arbeitsschutz, Umweltschutz, Handelsschutz voranzutreiben. Der Schutz des Eigentums und die Garantie der Ungleichheiten genügen dieser Propaganda nicht, sie möchte das Gegengewicht des sozialen Ausgleichs abschaffen und setzt dafür – wie Bushs Beispiel zeigt – den Staat selbst aufs Spiel. Den Schaden für die Bürger kann man nach Belieben an der Unfähigkeit einer Regierung zu Katastropheneinsätzen ablesen (New Orleans nach Hurrikan Katrina) oder im Desinteresse der Privatwirtschaft, die Versorgung der Gesellschaft über private Profitinteressen zu stellen. (Kalifornische Elektroindustrie, Ölgesellschaften wie BP, die sich als Umweltschützer gerieren und daneben ihre Pipelines in Alaska verkommen lassen.)
Der Neoliberalismus war und ist ein Propagandafeldzug, eingeleitet von US-amerikanischen Ideologen, die das Hohelied der Deregulierung sangen und es zu einer Art neuen Internationalen machten. Verstärkt wurde dieses Lied durch die Techniken der Digitalisierung, die Konzentrationsprozesse ermöglichen, nicht nur im Kommunikationsbereich, sondern in allen Wirtschaftsbereichen, am folgenschwersten natürlich beim Finanzkapital. Der virtuelle Casinokapitalismus hat reale Folgen; man erinnere sich an die Dot-Com-Blase, als kleine Unternehmen mit großem Börsewert riesige Unternehmen schluckten, die unterbewertet waren. 98 Prozent aller Geldflüsse stehen heute keinem realen wirtschaftlichen Vorgang mehr gegenüber – außer den Profiten der Finanzkapitalisten.
Neue Systeme setzen sich nicht mit Naturnotwendigkeit durch, sie werden gemacht. In der Renaissance waren es »konservative Männer, die überhaupt keine oder nur geringfügige politische Veränderungen wünschten«, und deswegen ein Wirtschaftssystem konzipierten, das auf dem »Beispiel der Vergangenheit« fußte, auch wenn es auf die Bedingungen des modernen Wirtschaftslebens angewandt wurde«[24] Heute sind es die Ideologen des Neo-

---

24 Trevor-Roper, S. 80

konservativismus, welche eine Renaissance der Deregulierung mit beinahe religiöser Inbrunst propagieren.
Auf welchem Beispiel der Vergangenheit fußt der wirtschaftliche Neoliberalismus der Oligopole, die nach Deregulierung rufen? Auf dem noch nicht regulierten Kapitalismus des frühen 19. Jahrhunderts? Weiter zurück wird man nicht gehen müssen, denn selbst die schärfsten Oligarchen unserer Tage können hinter den Nationalstaat nicht zurückwollen. Oder doch? Transkontinentale Raubzüge sind zu jeder Zeit verlockend. Aber wollen die Globalisten wirklich einen schwachen Staat, in dem die Warlords regieren, wie zuletzt im Europa des Dreißigjährigen Kriegs? Darin kämen ihre Handelsinteressen wohl zu kurz. Und doch setzen die USA immer öfter auf private Söldner, privat verwaltete Gefängnisse, schlanken den Staat ab und laugen dessen Verfassungsgrundsätze aus.
Kollateralschäden sind hier programmiert. Einer trägt den Namen Guantánamo. George Bush, dem es völlig egal ist, ob er weiß, was er tut, überschritt im Kampf gegen den Terror die Grenze. Um einen offenen Brief zu zitieren, den der Menschenrechtler Manfred Nowak, der in der UNO weltweit Fälle von Folter untersucht und auch Guantánamo inspizieren wollte, aber nicht durfte, mit zwei Kollegen an George Bush richtete:
»Mit Guantánamo Bay und Abu Graib, den ›CIA-Überstellungsflügen‹ und schließlich dem ›US Patriot Act‹ hat die Bush-Administration fundamentale Werte und Rechte der US-Verfassung aufgegeben. Und damit nicht nur die Freiheit verraten, die sie weltweit zu verteidigen glaubt, sondern einen Grad an Gesetzlosigkeit erreicht, der an totalitäre Diktaturen erinnert (Roland Dworkin). Sie schafft damit und mit der Wahrnehmung der ›Commander-in-Chief‹-Kompetenz des US-Präsidenten einen ›Ausnahmezustand‹, der, ›bis zur Normalität perpetuiert, den demokratischen, die Gewalten ausbalancierenden und den Menschenrechten verpflichteten Rechtsstaat zerstört‹ (Giorgio Agamben). ›Die wahre Gefahr für das Leben einer Nation‹, so der britische Richter Lord Hoffmann, ›kommt nicht vom Terrorismus, sondern von Gesetzen wie diesen‹, die durch die Verhängung eines Ausnahmezustandes den Terror zu bekämpfen suchen.«[25]

---

25 Manfred Nowak, Nicole Lieger, Hannes Tretter: Presseerklärung des

Harte Worte, aber was kann man dagegen sagen? Hier sind die Argumente genannt. Im Namen des Rechtsstaats sollte man zuerst darauf achten, den Rechtsstaat nicht auszulöschen. Natürlich haben islamische Terroristen genau das im Sinn, was zu einer weiteren Paralyse der einander gegenüberstehenden Argumente führt. Die Bush-Regierung behauptet ja, es mit »irregulären Kombattanten« zu tun zu haben, die ihr den Krieg erklärt hätten, oder zumindest hat die Regierung ihnen den Krieg erklärt. Ließe sie diese »irregulären Kombattanten« ins eigene Rechtssystem hinein, müsste sie ihnen alle Informationen zugänglich machen, die Angeklagten im Rechtsstaat zugänglich sind: die Argumente der Anklage und die Fakten, auf die sie sich stützt. Damit würde die US-Regierung aber das Material ihrer Geheimdienste dem Feind zugänglich machen und auf diese Weise den Rechtstaat gefährden, sagt sie.
Offenbar ist das Problem auf der Ebene des Nationalstaats nicht zu lösen, schon gar nicht, wenn der sich herausnimmt, Angehörige anderer Nationalstaaten zu irregulären Subjekten zu erklären, die seinem Recht unterworfen, aber keine Rechtssubjekte mehr sind. Manfred Nowak hebt in seinem Bericht hervor, dass sich die USA weigern, den Internationalen Strafgerichtshof anzuerkennen, der sich zum Beispiel bei der Aufarbeitung des Balkankriegs als sinnvolles Instrument erwiesen hat. Selbst konservative Kritiker bemerken dazu: »Wäre die Bush-Regierung weniger autistisch, sie hätte erstens Nowak Zugang zu den Gefangenen gewährt; und sie würde zweitens die UN auffordern, Regeln für die Behandlung irregulärer Kombattanten zu entwickeln. Denn das Problem wird ja nicht mit Guantánamo verschwinden – und mit der Ausweitung des europäischen Engagements nicht immer nur ein amerikanisches bleiben.«[26]

Das Problem könnte paradoxer nicht sein. Während der liberale Kritiker Krugman den USA vorhält, sich vom Mustergemeinwesen

---

Ludwig Boltzmann-Instituts für Menschenrechte anlässlich des Besuchs von Georg W. Bush in Österreich (http://www.univie.ac.at/bim/, auch Wiener Zeitung und Der Standard vom 21. 6. 2006)
26 Alan Posener, Welt am Sonntag vom 19. 2. 2006

der bürgerlichen Aufklärung, von Rechtlichkeit und Staatlichkeit im modernen Sinn in die Vormoderne zurückzubewegen, hat der Philosoph Rudolf Burger[27] zu Recht darauf hingewiesen, dass die Idee des »gerechten Krieges« ebenfalls eine vormoderne Idee ist, was im Fall Islamismus gegen westliche Werte für beide Seiten gelte, die jede für sich in Anspruch nehme, diesen gerechten Krieg zu führen. Nietzsche habe gesagt, wer lange gegen Drachen kämpft, werde selber zum Drachen. Ein märchenhafter Gedanke, den wir übrigens auch in Tolkiens Herr der Ringe finden: Der Zauberer Saruman, einst ein Guter, hat so lange die Werke des finsteren Sauron studiert, bis er selber böse wurde. Und während ich das korrekte Zitat suche (zuerst vergeblich im Buch, dann natürlich im globalen Google), finde ich den ersten Hinweis bei einem Blogger, der seine Site unter dem Titel Liberalism-Capitalism-Globalism betreibt.

Unsere Gegenwart beinhaltet eben alle möglichen Arten von Gegenwarten. Und Globalisierung besteht nicht nur aus dem Märchen von sich selber, aus Ökonomie, Waren und Käuflichkeit. Darauf hat der Architekturtheoretiker Georg Franck hingewiesen. Zwar werde das Aufmerksamkeitsgeschäft professionell betrieben wie niemals bisher, zwar sei der ökonomische Druck gewaltig, aber: »Auch die Subversion universalistischer Vorstellungen, auch die Selbstkritik der Moderne haben sich weltweit durchgesetzt«[28]

Man braucht dabei nicht nur die Globalisierungskritik jener Leute im Sinn zu haben, die sich bei den G-8-Treffen zusammenrotten, um gegen diese zu demonstrieren. Man darf ruhig an konservative Männer denken, die sich zum Beispiel für einen Global Marshall Plan einsetzen, oder meinetwegen an Attac, an die NGOs, die Frauenbewegungen oder die neuen südamerikanischen Linken, an die Befreiungstheologen, an intellektuelle Dissidenten, Dichter oder meinetwegen an den Papst, einen alten Kritiker des

---

27 Rudolf Burger: Terror und Fundamentalismus – über die Verletzlichkeit der arbeitsteiligen Gesellschaft, Vortrag im Centrum für angewandte Politikforschung, Juni 2005 (http://www.cap-lmu.de/publikationen/2006/foresight.php)

28 Georg Franck: Mentaler Kapitalismus, Hanser Verlag, S.18

Globalismus (wenngleich der Name des Glaubens, den er repräsentiert, aus dem Griechischen übersetzt nichts anderes heißt als die Kirche, die aufs Ganze geht: Katholizismus – The Church of Globalization).
Die islamischen Terroristen, aus dem Mittelalter in unsere Gegenwart gesprungen, können ihren Schrecken nur so gut entfalten, weil sie sich auf allerlei digitale Techniken von Kommunikation bis Zeitzünder verstehen. Die Vereinten Nationen, an denen gern halbgare hiesige Publizisten ihr Mütchen kühlen, sind zwar einerseits tatsächlich eine globale Quasselbude, aber andererseits nicht weniger als eine Vorform einer möglichen Weltregierung. Auch wenn die Nationalstaaten die UN in Einzelfragen immer wieder bis zur Hilflosigkeit demütigen, auch wenn ihre Teilorganisationen widersprüchlich handeln (auch Weltbank und Währungsfonds sind Teil der UN!), so bleiben sie doch das einzige Forum, vor dem Fragen wie Guantánamo verhandelt und gelöst werden können oder könnten.
Versteht man Globalisierung als Siegeszug der Deregulierer, dann macht sie den Weg zurück ins Faustrecht frei. Der Globalismus braucht kein Recht, außer dem Recht des ökonomisch Stärkeren; aber es waren schon andere Gesellschaften fähig, Fehlentwicklungen zu korrigieren, die USA vor allem. Sie haben ihre Monopole des späten 19. Jahrhunderts durch Anti-Trust-Gesetze gehemmt. Allerdings ist bei solchen Korrekturen viel Verblendung zu überwinden. Es ist wie bei der Vogelgrippe, deren Virus H5N1 bisher selten bei Zugvögeln nachgewiesen wurde, nur bei Haushühnern, während Hühnerfleisch aus Indochina innerhalb weniger Stunden nach Europa transportiert werden kann. Hat deswegen jemand die Lebensmittel- oder die Transportindustrie verdächtigt? Wie die Vogelgrippe nicht von Zugvögeln, wird Geschichte nicht von Märkten, sondern von Menschen gemacht. Es mag bequemer sein, sie als Naturgewalt zu verstehen, aber es hilft nicht weiter.

Es ist kein schwächelnder Humanismus, wenn man darauf setzt, dass der Widerstand gegen globale Deregulierung nur auf ein System globaler Rechte und Regelungen, auf eine Weltverfassung zielen kann, die neue Ausgleiche, neue Regulierungen, kurz, die Menschenrechte durchsetzt. Gewiss, die Interessen der Mächtigen, sie sind nicht so. Aber es geht nicht nur um deren Interessen. Apokalyptiker mögen auf die sich selbst erodierende Irrationalität des kapitalistischen Verwertungsprozesses setzen. Der Letzte macht das Licht aus, sagen sie. Dagegen kann man nur auf eine weltweite Koalition konservativer, am Licht hängender, zum Licht drängender Menschen und auf das Gewicht ihrer Argumente setzen, auf das, was Jürgen Habermas »Weltinnenpolitik« nennt. Auch diese Idee wäre ohne Globalisierung undenkbar. Zwar wird sie sich noch lange verhöhnen lassen müssen, aber, wie Abraham Lincoln einst bemerkte: You can cheat all of the people some of the time, some of the people all of the time, but not all of the people all of the time …

Bassam Tibi

DIE GLEICHZEITIGKEIT VON GLOBALISIERUNG UND FRAGMENTATION: DIE NEUBELEBUNG DER ISLAMISCHEN SCHARI'A IM KONFLIKT MIT DER UNIVERSELLEN GELTUNG DES RECHTS

Globalisierung ist ein Prozess der Übertragung von partikularen Strukturen auf die gesamte Welt. Globalität ist heute der Weltzustand, der hieraus hervorgegangen ist. Mit dem Begriff »Globalismus« bezeichnen wir hingegen lediglich die Ideologie, die falsch unterstellt, dass der angesprochene Prozess die Kulturen einander angleicht und standardisiert. Denn in der Realität ruft dieser Prozess der Globalisierung auch Fragmentation hervor. Ich will mit diesem Beitrag diese These am Beispiel der unter eben diesen Bedingungen eines umfassenden Globalisierungsprozesses neu ins Leben gerufenen islamischen Rechtstradition der Schari'a erläutern. Denn sie bewirkt kulturelle Fragmentation und stellt einen Widerstand gegen die westlich geprägte Globalisierung dar.

Den Ausgangspunkt der folgenden Ausführungen bildet die Annahme, dass Globalisierung mehr Sicherheit und Gerechtigkeit für die Welt bedeuten kann und dass diejenigen, die sich selbst ausschließen, zu den Verlierern gehören. Aus dieser Perspektive frage ich, warum die Schari'a, die als islamisches Recht in diesem Kontext neu belebt wird, dennoch große Popularität genießt. Als studierter Philosoph bin ich bemüht, der Konsistenz der verwendeten Begriffe zuliebe zu unterscheiden zwischen Globalisierung und Universalisierung. Der erste Begriff bezieht sich auf Strukturen, so kann eine Wirtschaft oder ein Staatensystem globalisiert werden. In diesem Sinne existieren in der heutigen Welt globale, politische und wirtschaftliche Strukturen. Dagegen können nichtmaterielle Gegenstände – wie etwa Werte oder das Recht – nicht globalisiert werden. Sie werden universalisiert, wenn ihre Verbreitung in der gesamten Welt erfolgreich geschieht. So spricht man von Universalisierung in der UN-Deklaration für Menschenrechte von 1948; sie trägt das Attribut »universell«, also nicht »global«. Diese sprachliche Differenzierung zwischen Globalisierung einerseits und Universalisierung andererseits beruht nicht auf Penibilität; vielmehr ermöglicht sie es, inhaltlich eine nähere Deutung der These dieses Beitrags zu unternehmen: Parallel zu der aus dem Westen hervortretenden Globalisierung der wirtschaftlichen und politischen Strukturen findet keine Universalisierung der kulturellen Werte bzw. der dazugehörigen Rechtsnormen statt – jedenfalls nicht im erwünschten Ausmaß. Hierdurch ergibt sich eine Gleichzeitigkeit von struktureller Globalisierung und kultureller Fragmentation. Je mehr sich die Globalisierung intensiviert, desto größer werden die Ängste der betroffenen Menschen vor dem Neuen, worauf sie mit Sehnsucht nach Vergangenem und nach seelischer Sicherheit reagieren. Subjektiv bietet ihnen dies der Rückgriff auf die Religion und daraus resultiert das Erstarken des politischen Islam. Dass sich hierdurch die Welt des Islam vom Rest ausschließt und zum Verlierer wird, ist eine objektive Tatsache. Letztere führt zu der Wahrnehmung, dass es sich bei der Globalisierung um eine Entwicklung handelt, die mit Bedrohung verbunden ist. Allerdings sind die revitalisierten kulturellen Werte und Traditionen, die für die Mobilisierung gegen den Globalisierungsprozess gebraucht werden, nicht die alten, sondern neu erfunden. Die Neubelebung der Schari'a ist in diesem Kontext der Angelpunkt.

Es gibt heute eine globale Weltstruktur, aber keine universelle Weltkultur und auch keine technisch-wissenschaftliche Weltzivilisation. Nur die Vertreter der Ideologie des Globalismus unterstellen solche Konstrukte, die es in der Realität gar nicht gibt; diese ist von kultureller und zivilisatorischer Vielfalt gekennzeichnet, die durch die Religionisierung der Politik und des Rechts zu einer kulturellen Fragmentation beiträgt. Es ist daher kein Widerspruch, wenn gerade in unserem Zeitalter intensiver Globalisierung von

den neuen Phänomenen des »Cultural Turn« und der fragmentierenden »Identity Politics« gesprochen wird.
Der schwer übersetzbare Begriff »Cultural Turn« bedeutet, dass kulturelle Zugehörigkeiten und entsprechende Werteorientierungen in ihrer Wirkung heute den Rang von Wirtschaft und Politik einnehmen. Dies lässt sich am Beispiel der Neubelebung des islamischen Schari'a-Rechts beweisen. Der Vorwurf des Kulturalismus, der hier von Leuten erhoben wird, die das angesprochene Phänomen nicht verstehen, trifft nicht zu. Denn keineswegs wird alles mit Kultur und Religion erklärt, obwohl die Menschen den »Cultural Turn« so denken und entsprechend handeln. Die kulturellen Werte werden in einen Gesamtkontext eingebettet. So wird erkannt, dass die Erhebung gegen die Globalisierung von einer Hervorhebung konstruierter Kollektividentitäten (zum Beispiel »islamische Identität«) begleitet wird. Sie gehören in diesen Gesamtkontext und stehen nicht für sich alleine. Doch darf der Begriff »Identity Politics« nicht aus der Ökonomie und Politik abgeleitet werden. Denn kulturelle Kollektividentitäten hindern die Betroffenen zu erkennen, dass sie aus freien Stücken den Zug der Globalisierung verlassen, der ohne sie wegfährt und sie dann zu den Verlierern gezählt hinter sich zurücklässt. China und Indien, die auf den Zug der Globalisierung aufspringen, gehört die Zukunft. Die Muslime verharren in der Revolte gegen die Globalisierung und bleiben zurück. Die anderen handeln; sie haben ihre Antiglobalisierungs-Djihad-Rhetorik.

Die These: Die Schari'atisierung des Rechts als Fragmentation

Die These von der Gleichzeitigkeit struktureller Globalisierung und kultureller Fragmentation ist kein akademisches Gerede; sie reflektiert eine Weltrealität, in der der Bedarf an einer globalen Geltung und Akzeptanz von universellem Recht in der Welt des Islam auf Ablehnung stößt. Diese Ablehnung kommt durch die sich intensivierenden Bestrebungen nach einer Schari'atisierung des Rechts zum Ausdruck. Dies zu erklären erfordert Vorarbeit, nämlich zu erklären, was je universelles Recht und was Schari'a-Recht ist.
An juristischen, extrem eurozentrisch orientierten Fakultäten

in Europa wird den Rechtsstudenten vermittelt, es gebe nur ein universell gültiges Rechtsverständnis: das europäische Recht mit seinen römischen Wurzeln. Gebildete Menschen, die in ihrem Leben gelernt haben, über den Tellerrand hinauszuschauen, wissen jedoch, dass jede Zivilisation ihre eigene Rechtstradition hat. So wird beispielsweise im Islam Recht mit Schari'a schlechthin gleichgesetzt. Im Rahmen von Kolonisation und Europäisierung fand das europäische Recht Zugang zur Welt des Islam und dominierte – parallel zur Globalisierung der Wirtschaftsstrukturen. Heute wird die Globalisierung von Muslimen als Fortsetzung der Kolonialisierung wahrgenommen. Ihre Reaktion darauf lässt sich als die entgegengesetzte Tendenz im Zeitalter des »Cultural Turn« beschreiben: Sie besteht in der Forderung nach Entwestlichung des Rechts im Sinne der *Tatbiq al-Schari'a*/Anwendung der Schari'a. Somit wird nicht nur der Islam als Religion, sondern es werden auch Politik (»Schari'a-Staat«) und Ökonomie schari'atisiert, das heißt nach islamischem Recht geordnet (Beispiel: »Islamic banking and economics«).
Europäisches Recht kann man als positives, von Menschen legalisiertes Recht beschreiben, das die »Berechenbarkeit« sozialer Interaktion ermöglicht; es ist nach Bedarf durch entsprechende Legislation veränderbar. Im Kontrast dazu ist Schari'a-Recht nicht so einfach zu erklären. Mit der schlichten Feststellung, es handele sich dabei um »Gottesrecht« wird man dem Schari'a-Recht nicht gerecht. Zwar ist im Islam tatsächlich allein Allah der Legislator/*al-Schari'*, also nicht der Mensch. Das Ganze wird jedoch komplexer, wenn man trotz des heutigen Selbstverständnisses des Islam ein Schari'a-Islam zu sein, aus dem Koran-Text lernt, dass dieser von Allah offenbarte Text nur ein einziges Mal – in der Sure al-Dhathiya – die Schari'a im Vers anführt: »Und Wir haben dir einen Weg/Ritus festgelegt, so folge ihm nun.« (Sure 45, Vers 18) Dieser Weg heißt Schari'a und dieser Begriff kommt im Koran kein zweites Mal vor. Warum glauben dann heute Muslime, dass der Koran ein Rechtssystem vorschreibe? Wie kommt es, dass Muslime mit Verweis auf das eigene Schari'a-Recht das aus Europa stammende universelle Recht als fremde Ordnungsstruktur für die Globalisierung ablehnen und hierbei einen Zivilisationskonflikt des Islam mit der europäischen Rechtsordnung entfachen?

Die Schari'atisierung von Kultur, Politik und Wirtschaft verursacht einen Graben zwischen Muslimen und Nicht-Muslimen in aller Welt, und mithin eine politische und kulturelle Fragmentation, nicht nur in den Orient-/Okzidentbeziehungen, denn Afrika und Asien haben auch Muslime, die mit Nicht-Muslimen zusammenleben müssen.

Die Aktualität der Schari'a im Kontext von Recht und Religion

Da die angesprochene Fragmentation ein weltweit zu beobachtendes Phänomen ist, betrifft sie auch Europa, und zwar ganz direkt durch die Migration aus der Welt des Islam. Sie ist also nicht nur Gegenstand von Weltwirtschaft und -politik. So hört man in Kreisen der Islam-Gemeinde überall in Europa – also auch in Österreich – den Spruch: »Ohne Schari'a kann es keinen Islam in Europa geben.« Wer dagegen argumentiert, wird bezichtigt, den Islam zum Feinbild zu machen und sieht sich dem Vorwurf der Intoleranz ausgesetzt. Als Voraussetzung zum friedlichen Zusammenleben mit Muslimen – ich zitiere, das ist nicht meine Meinung – wird die Akzeptanz der Schari'a angegeben. Dagegen meine ich, Schari'a und säkulare europäische Gesetze vertragen sich wie Feuer und Wasser, und dies ruft Konflikte hervor. Im globalen Rahmen trennt die Schari'a die Muslime vom Rest der Welt. Europa ist hier die Welt en miniature. Um dies zu verstehen, muss eine Rechtstradition, nämlich die Schari'a, erklärt werden, die den Europäern völlig fremd ist.
Fest steht, dass die Problematik des islamischen Rechts nicht allein Muslime, sondern auch den Rest der Welt angeht. Einerseits gibt es Kulturen, die vom Kollektiv, aber andererseits auch solche, die vom Individuum ausgehen. Die islamische Zivilisation geht vom Kollektiv/der *Umma,* nicht von den individuellen Muslimen aus. Ein Individuum als Rechtssubjekt mit Individualrechten gegenüber dem Staat und der Gesellschaft gibt es im Islam nicht. Hingegen gibt es im Islam Pflichten/*Faraid* gegenüber Allah und seinem *Umma*-Kollektiv. Dazu kommt der Anspruch des islamischen Rechts universell zu gelten, also für die ganze Menschheit Gültigkeit zu haben. Folglich treffen zwei Rechtstraditionen

aufeinander, die für sich universelle Geltung in Anspruch nehmen. Somit entsteht eine Konfliktsituation.
In dem autoritativen Buch über das islamische Recht von Joseph Schacht aus Oxford »An Introduction to Islamic Law«, das international als Standardwerk über dieses Thema gilt, steht auf Seite 1 der Satz: »Islamic law ist the epitome of Islamic thought ... it is impossible to understand Islam without understanding Islamic law.« Dieser Satz erklärt den Sachverhalt, warum die islamische Revolte gegen die Globalisierung die Gestalt der Neubelebung des islamischen Rechts annimmt, das ich im Folgenden ausführlich erläutern werde. Diese Problematik ist zentral für die Auseinandersetzung mit dem Islam als Rechtskultur und Rechtstradition im Rahmen der Konflikte, die durch Globalisierung und Migration entstehen.
Die Erklärung für die Aktualität der Schari'a ist darin zu sehen, dass die Neubelebung dieser Rechtstradition mit ihrem Anspruch auf universelle Geltung einhergeht, womit heute das Bestreben verbunden ist, eine »Entwestlichung des Rechts« zu betreiben. Dies macht deutlich, dass die Zivilisationskonflikte unseres Zeitalters auch Rechtskonflikte sind. Ich wiederhole: Jede Zivilisation hat eine eigene Ethik und auch ihr eigenes Recht. Der katholische Theologe Hans Küng spricht idealistisch von Weltethos, was aber im Widerspruch zu bestehenden Realitäten in der islamischen Welt steht. Ein Wunschdenken in christlichen Werten führt kaum weiter. Wir benötigen die Wahrnehmung der Fakten, um den Komplex »Macht-Recht-Global« in unserer Weltzeit angemessen zu verstehen. Natürlich ist es im interkulturellen Dialog unabdingbar, uns auf ein System von »core values«, das heißt auf einen Konsens über Werte, zu verständigen, um auf dieser Basis friedlich miteinander leben zu können. Ohne eine solche Verständigung führt der Zusammenprall zwischen westlichen und islamischen Ansprüchen zu einem auf Werte bezogenen Zivilisationskonflikt. Daraus lässt sich ableiten, dass Zivilisationskonflikte kein Auswuchs des Hirns von Harvard-Professor Samuel Huntington sind, sondern eine historische Realität, die es stets in der Geschichte gegeben hat. Mehrere Jahrzehnte vor Huntington hat der Begründer des als Islamismus bekannten politischen Islam, Sayyid Qutb, in seinen beiden Schriften »Wegzeichen« und »Der Islam und

das Problem der Zivilisation« eine Sterbensdiagnose für den Westen ausgestellt und somit einen Zivilisationskonflikt vorausgesagt. Bei diesem beansprucht der Islam den Westen in der Führung der Welt abzulösen. Ich erinnere daran, dass Qutbs Schriften heute in der Welt des Islam wie früher das »Kommunistische Manifest« von Marx in Europa gelten. Bei diesem Denken nimmt das Kollektiv der transnationalen *Umma* als islamische Weltgemeinde den Platz des alten Proletariats ein. Das *Umma*-Kollektiv beansprucht, die Welt auf der Basis des islamischen Schari'a-Rechts neu zu gestalten. Das ist die islamische Antwort auf die Globalisierung und sie führt nicht nur zur kulturellen Fragmentation, sondern auch zu gewaltförmigen Weltkonflikten.
Hier geht es keineswegs darum zu polarisieren, und deshalb warne ich davor, die beschriebene Strömung mit dem Islam schlechthin gleichzusetzen. Ich habe bereits angeführt, dass der Begriff Schari'a ein einziges Mal im Koran vorkommt. Man könnte reformerisch Schari'a mit Moral und nicht mit Rechtssystem übersetzen. Als Ethik kann Schari'a eine Quelle einer Rechtstradition sein, die Muslime nicht vom Rest der Menschheit aussondert. Brückenbildung zwischen der Welt des Islam und Europa ist möglich. Dennoch muss man über die bestehende kulturelle Fragmentation und auch darüber informieren, dass der Islamismus heute die Hauptkraft der Opposition bildet. Wenn diese Opposition nach der Schari'a ruft, müssen wir wissen, worum es geht.

Was ist Schari'a im Islam?

Das islamische Rechtssystem ist nach den historischen Fakten nicht im 7. Jahrhundert parallel zur islamischen Offenbarung, sondern erst im 8. Jahrhundert entstanden. Der Koran-Text als Festlegung der Offenbarung ist zwischen 610 und 632 entstanden. Der Prophet hat niemals von Recht geredet, und im Koran gibt es nur die bereits zitierte Stelle über die Schari'a. Das Wort *Fiqh*/Sakraljurisprudenz, das später zu erklären ist, ist ein postkoranischer Begriff.
Ein Jahrhundert nach Abschluss der islamischen Offenbarung, also im 8. Jahrhundert, fingen Islamgelehrte an, ein Rechtssys-

tem zu konstruieren; sie taten dies auf der Basis der Interpretation des Korans. In diesem Rahmen ist das Schari'a-Rechtssystem entstanden. Hierzu gehören im Sunna-Islam vier Rechtsschulen: die Hanbaliten, Malikiten, Hanefiten und die Schafiiten; diese haben jeweils unterschiedliche Interpretationen des islamischen Rechts. In diesem Rahmen ist die Unterscheidung zwischen dem Begriff *Fiqh* und dem der Schari'a im Islam zu erläutern: *Fiqh* bezieht sich auf das Wissen der islamischen Rechtsgelehrten als Sakraljuristen über den Text des Koran. *Fiqh* ist also das, was ein Mensch denkt, wohingegen die Schari'a von Gott im Koran offenbart worden ist.

Das Problem der Muslime bei der Vergöttlichung des Rechts in der islamischen Rechtstradition geht darauf zurück, dass sie nicht strikt zwischen *Fiqh* und Schari'a unterscheiden, ja sogar beide miteinander verwechseln. Da kommt ein Sakraljurist, fällt ein Rechtsurteil auf der Basis des Korans – das ist also eine menschliche Interpretation –, beansprucht dafür aber die Qualität eines essentiellen Gottesrechts. Wer dem widerspricht, riskiert als *Kafir*/ Ungläubiger aus dem *Umma*-Kollektiv ausgeschlossen und getötet zu werden, eben weil göttliches Recht widerstandslos hinzunehmen ist.

Beim Streit, ob islamisches Recht *Fiqh* oder Schari'a sei, geht es keineswegs um einen akademischen Streit. Die Gleichsetzung von *Fiqh* und Schari'a hat in der islamischen Rechtsgeschichte zu folgenden Auswirkungen geführt:

1. Die Vergöttlichung des Rechts schließt einen Rechtswandel aus.
2. Der Rest der Menschheit wird vom islamischen *Umma*-Kollektiv ausgeschlossen.

Mit dem *Takfir* belegt, das heißt zum Ungläubigen erklärt und damit »exkommuniziert« zu werden, ist ein Risiko für jeden, der mit dem Gottesrecht nicht übereinstimmt. Somit ist *Takfir* zur Quelle der Intoleranz im Islam geworden.

Mir fehlt der Raum, um noch auf eine andere Tradition der Intoleranz einzugehen, die ihren Ursprung im Schisma zwischen *Sunna* und *Schi'a* hat. Als Folge dieser innerislamischen Spaltung ist die Rechtstradition im Islam hauptsächlich eine sunnitische. Das heißt jedoch nicht, dass es kein *Schi'a*-Recht gibt, das gibt es. Es hat nur deshalb wenig Bedeutung im Islam, weil die Sunniten die Mehrheit (ca. 90 Prozent) bilden. Die Schiiten gingen infolge der Spaltung als Minderheit in den Untergrund, und ihre Religion war seitdem eine Art Untergrundreligion; sie blieb dies – bis auf zwei Ausnahmen – durch die ganze Geschichte hindurch. Heute dominiert die Schia im Iran und im Irak. Diese sind nur zwei von 57 islamischen Ländern. Deshalb blieb der Charakter der islamischen Rechtstradition vorwiegend sunnitisch.

Der Konflikt zwischen europäischem Recht und Schari'a

In der europäischen, universell gewordenen Tradition wird das Recht kodifiziert. In einer Demokratie kann das Parlament es revidieren oder durch anderes Recht ersetzen. Im Islam ist Recht ausschließlich interpretativ. Die Rechtsgelehrten interpretieren den Koran und das, was der Prophet gesagt hat (das ist: *Hadith*), und auf dieser Basis entwickeln sie entsprechende Rechtsnormen, die als Gottesrecht gelten. Obwohl die Doktrin einen Wandel des Rechts ausschließt, unterscheidet sich das islamische Recht des 8. Jahrhunderts von dem des 9. Jahrhunderts, ganz zu schweigen von dem des 20. Jahrhunderts. Denn es waren andere Menschen, andere Zeiten. Dennoch glauben die Muslime, dass das islamische Recht überzeitlich und universell ist; sie anerkennen den Wandel in der Geschichte nicht. Das ist bis heute das Problem im Islam. Wie andere Reform-Muslime versuche ich die Begriffe von Geschichte und Wandel in den Islam einzuführen und deute in diesem Rahmen das Recht historisch. Hier handelt es sich um einen innerzivilisatorischen Konflikt zwischen Historisierung und Absolutismus. Dieser Konflikt findet auch nach außen zwischen den Zivilisationen statt. Auf der Basis der bisherigen Ausführungen werden die wesentlichen Rechtsunterschiede zwischen zwei Zivilisationen deutlich. Im Islam glaubt man, Recht sei nur, was Allah offenbart hat. Es gilt deshalb absolut als Gottesrecht.

Wie gehen Muslime mit einer veränderten Welt um, wenn sie

keinen »Wandel« anerkennen? Sie dürfen die Offenbarung zwar interpretieren, aber sie dürfen der Sakraljurisprudenz nicht widersprechen, auch nichts ändern. Recht darf *nicht* von einer Institution – wie etwa dem Parlament – verabschiedet werden. Im Gegensatz dazu ist das europäische Recht legislativ und es wird kodifiziert. Hieraus erwächst die Schwierigkeit, Islam und parlamentarische Demokratie in Einklang miteinander zu bringen. Diese birgt den in der zentralen These dieses Beitrags problematisierten Zivilisationskonflikt: die Globalisierung der Wirtschaft und Politik führt nicht zur Universalisierung des Rechts. Ganz im Gegenteil, sie führt – wie der Oxford-Gelehrte Hedley Bull es genannt hat – zu einer weltanschaulichen »Revolte gegen den Westen«. In diesem Rahmen wird die islamische Rechtstradition neu belebt. Dabei wird der Konflikt mit Europa religionisiert, d. h. in der Sprache der Religion artikuliert, die eine sakraljuristische Sprache ist.

Vom Zivilrecht zum Staatsrecht

Das islamische Recht der klassischen Schari'a ist beinahe ausschließlich ein Zivilrecht. Allerdings kommt dazu *Hudud*/das Strafrecht. Aber Staatsrecht, Verfassungsrecht, existiert in der klassischen Schari'a nicht. Heutige islamische Fundamentalisten behaupten, der Islam sei *Din wa Daula,* also die Einheit von Staat und Religion. Nun kommt der Begriff Staat/*Daula* kein einziges Mal im Koran vor. Und der klassische Islam kennt den Begriff Staat nicht, dafür steht der Begriff der *Umma*/Gemeinde im Mittelpunkt. Wenn von politischer Ordnung die Rede ist, dann vom Kalifat. Heute könnte man jeden Muslim, der die Auffassung vertritt, die Schari'a sei ein Staatsrecht, als Islamisten einordnen. Im Irak ist der regierende Block als solcher zu sehen, weil seine Vertreter die Schari'a als Verfassungsrecht deuten und auch einfordern.

Die Islamisten beleben die Schari'a neu im Rahmen einer »Invention of Tradition« (Eric Hobsbawm), das heißt Erfindung von Tradition; sie eignen sich die alte Aufteilung der Welt in *Dar al Islam*/Haus des Islam und in *Dar al-harb*/Haus des Krieges an, um

alles, was außerhalb des *Dar al Islam* ist, als feindliche Welt einzuordnen. Das »Haus des Krieges« ist im Islam die Welt der Ungläubigen. Nach dem eigenen Selbstverständnis ist der Islam eine Religion des Friedens, aber Frieden gilt nur dann, wenn der Islam dominiert. Leider wird im Dialog zwischen Christen und Muslimen in Bezug auf Frieden getäuscht. Viele Muslime behaupten ohne nähere Erläuterung: »Der Islam ist eine Friedensreligion.« Dabei lassen sie unerwähnt, dass Friede nur im *Dar al Islam* gilt, nicht aber für die nichtislamische Territorialität. Nun gibt es im islamischen Rechtsdenken eine Art Zwischenlösung, das »Haus des Vertrages«. Wenn die Muslime in einer schwachen Position sind, dürfen sie temporäre Friedensverträge mit ihren Feinden schließen. Hierbei entsteht eine Friedenszone, das *Dar al Ahd*/ Haus des Vertrages. Der hier geschlossene Frieden ist aber kein dauerhafter Weltfriede, weil er nur auf Zeit geschlossen wird, solange die Muslime schwach sind.
In Hinblick auf die als Leitfaden für diesen Band geltenden Bemühungen um »Sicherheit und Gerechtigkeit« für alle Kulturen der Welt ist es von Interesse zu wissen, welchen Weg das islamische Recht unter europäischem Einfluss bisher eingeschlagen hat und wie es heute unter der Wirkung des Islamismus zum Staatsrecht erhoben wird bzw. welche Gestalt es für die Zukunft annehmen könnte.

Damals und heute

Zwischen dem 19. Jahrhundert, als die Europäer die Welt des Islam rechtlich zu beeinflussen begannen, und der heutigen Entwicklung im Zeichen des Islamismus haben Muslime nach der Auflösung des Kalifats von 1924 ihr Globalisierungsprojekt, das heißt die Erweiterung von *Dar al Islam* auf die ganze Welt, vorläufig aufgegeben. Dies war das erste Globalisierungsprojekt der Geschichte. Denn der islamische Versuch, das eigene Ordnungsmodell vom 7. bis 17. Jahrhundert auf die ganze Welt zu übertragen, war der erste seiner Art in der Weltgeschichte. Das Christentum hatte kein Globalisierungsprojekt. Auch während der Kreuzzüge hat das Christentum keine Globalisierung angestrebt, wie die Muslime falsch behaupten. Historiker wissen, dass die Kreuzzügler nicht die ganze Welt erobern wollten, die wollten nur nach Jerusalem, zu ihren heiligen Stätten, nicht mehr und nicht weniger.

Der entscheidende Wandel trat erst nach dem Aufstieg der westlichen Zivilisation ein, die sich zwischen 1500 und 1800 zu entfalten begann. In Europa wurde die Vision eines universellen Projektes Realität. Hierbei wurde das »Globalisierungsprojekt« des Islam, welches älter als das des Westens ist, machtmäßig abgelöst. In diesem Rahmen hat der Westen den Islam zunächst aus Europa zurückgedrängt und daraufhin selbst die Welt des Islam in sein Globalisierungsprojekt eingeordnet. Es war eine Demütigung der Muslime; die einstmaligen Eroberer fanden sich nun in der Position der Eroberten wieder. Zunächst haben sich die Muslime dem gefügt und sich verwestlichen lassen. Viele Krisen haben jedoch dazu beigetragen, dass diese Modernisierung gescheitert ist, woraus der heutige Islamismus hervorgegangen ist; er ist also das Produkt einer Modernisierungskrise.

Islamisten beleben nicht nur die Idee des Djihad gegen den Westen als Djihadismus neu, auch wollen sie ein neues Rechtsdenken im Islam einführen. Sie behaupten, islamisches Recht sei nicht nur ein Zivilrecht, sondern auch Staatsrecht. Tatsache ist, dass die ganze Geschichte der Schari'a keine Geschichte von Staatsrecht ist; die Schari'a ist eine Kombination von Zivilrecht und Strafrecht. Das Zivilrecht dient der Regelung von Angelegenheiten der Menschen untereinander. Das islamische Strafrecht ahndet jede Übertretung von Gottesrechten. Die Islamisten kündigen aber nicht nur eine Rückkehr der Geschichte an (die Formel »End of History« ist eine Rechnung ohne den Wirt), nein, sie berufen sich heute auf die Schari'a als Staatsrecht. Damit bringen sie Dinge in den Islam ein, die es früher nicht gegeben hat, vor allem die Idee einer islamischen Weltordnung, und betreiben damit eine Erfindung von Tradition.

Die »Rückkehr der Geschichte« mit dem Bestreben einer Entwestlichung des Rechts ist nicht die Rückkehr zu einem gestrigen Modell. Ihr Ziel besteht in der Implementierung einer ganz neu gedeuteten Schari'a: Sie sehen eine neue, islamische Ordnung für die Welt vor, herbeigeführt durch eine »alternative Globalisierung«. Auf dieser Grundlage entstehen Konflikte zwischen politischem Islam, der traditionellen islamischen Schari'a und Menschenrechten, die auch zu Konflikten mit anderen Kulturen, vor allem mit dem europäischen Rechtsdenken führen. Dazu gehört der Rechtskonflikt zwischen einem pluralistisch-demokratischen Recht, das die europäische Rechtstradition verkörpert, und dem Rechtsverständnis des islamistischen Neoabsolutismus. Ich wiederhole den Befund, dass die Neuerfindung der Schari'a nicht nur die Muslime, sondern auch Europa, ja, die ganze Welt betrifft, zum Beispiel Südostasien, wo 400 Millionen Muslime unter Buddhisten, Christen, Sikhs, Hindus und Konfuzianern leben und dennoch die Dominanz der Schari'a als Ordnung über Nichtmuslime fordern.

Schlussfolgerungen

Die Rückkehr der Schari'a im neuen totalitären Gewand sondert die Muslime von den Nichtmuslimen ab, weil sie die Globalisierung durch kulturelle Fragmentation unterminiert. Im Interesse des Weltfriedens muss man dem Ruf nach der Schari'a eindeutig widersprechen. Dies gilt auch für die Islam-Diaspora in Europa, wo 20 Millionen Muslime in der EU und 12 Millionen in Südosteuropa leben. Integrationswillige Muslime müssen diese Haltung durch Abstand von der Schari'a demonstrieren. Tun sie dies nicht, weil sie es bevorzugen, auf der Basis der Schari'a zu leben, dann entfremden sie sich dem Rest der Welt und fristen ihr Dasein als Verlierer der Globalisierung weltweit und als Enklave von Parallelgesellschaften in Europa. Wenn die Ablehnung eines universellen Rechts im Namen der Entwestlichung – zum Beispiel auch von Multikulturalismus, falsch verstandener Religionsfreiheit und Rücksicht auf die Privatsphäre der Migranten – zugelassen wird, dann entfachen regionalisierte Konflikte, die nicht reguliert werden können und die Gewalt hervorrufen.
Unter Bedingungen des Rufes nach der Schari'a von Religionsfreiheit zu reden, heißt zu übersehen, dass auch die Religionsfreiheit ihre Grenzen hat, wo die Rechte der anderen beginnen. Die Konflikte im Bereich des Rechts, also in Europa, betreffen

auch das internationale Völkerrecht und zeigen die Grenzen der Globalisierung. Europa und der gesamte Westen sind politisch, wirtschaftlich und militärisch mächtig, aber die Geltung ihres Rechts wird auf globaler Ebene herausgefordert. Die Rückkehr der Schari'a im Rahmen der Rückkehr des Sakralen ist sehr ernst zu nehmen, und darf als Quelle der Fragmentation nicht heruntergespielt werden.

BIOGRAFIEN

Mandeep Bains ist leitende Beraterin für die Millenniums-Entwicklungsziele der UNO. Zu ihren früheren Aufgaben zählen die Leitung von Entwicklungshilfeprojekten sowie die wirtschaftspolitische Beratung für Entwicklungsländer in der Europäischen Kommission und dem britischen Ministerium für Internationale Entwicklung.

Bettina Balàka, geb. 1966 in Salzburg, Übersetzer- und Dolmetscherstudium für Englisch und Italienisch in Wien, freie Schriftstellerin und Übersetzerin. Zahlreiche Preise und Auszeichnungen, u. a.: Rauriser Förderpreis 1992, Förderpreis der Stadt Wien 1997, Staatsstipendium für Literatur 1997/98, Wiener Dramatikerstipendium 2004, Robert-Musil-Stipendium 2002–2005, 1. Preis im Literaturwettbewerb der Akademie Graz 2005. Zahlreiche Publikationen, u. a.: Unter Jägern, Erzählungen, 2002; Dissoziationen, Gedichte aus Pflanzen und Vögeln, 2002; Im Packeis, Gedichte, 2001; Der langanhaltende Atem, Roman, 2000; Krankengeschichten, 1996. www.balaka.at

Rainer Bauböck ist Politikwissenschaftler am Institut für Europäische Integrationsforschung der Österreichischen Akademie der Wissenschaften, Lehrbeauftragter an den Universitäten Innsbruck und Wien und Gastprofessor an der Central European University Budapest. Ab Januar 2007 Professor für soziale und politische Theorie am Europäischen Hochschulinstitut Florenz.
Forschungsschwerpunkte und zahlreiche Veröffentlichungen zu den Themen Migration, Multikulturalismus, Nationalismus, Staatsbürgerschaft, politische Theorie.

Norbert Bolz, geb. 1953 in Ludwigshafen, studierte in Mannheim, Heidelberg und Berlin Philosophie, Germanistik, Anglistik und Religionswissenschaften. Doktorarbeit über die Ästhetik Adornos beim Religionsphilosophen Jacob Taubes; Habilitation über »Philosophischen Extremismus zwischen den Weltkriegen«. 1992–2002 Universitätsprofessor für Kommunikationstheorie an der Universität GH Essen. Seit 2002 Universitätsprofessor für Medienwissenschaft an der Technischen Universität Berlin, Institut für Sprache und Kommunikation. Jüngste Veröffentlichung: *Die Helden der Familie*, 2006.

Isolde Charim, geb. in Wien, Studium der Philosophie in Wien und Berlin, Lehrtätigkeit und publizistische Tätigkeit. Publikation: *Der Althusser-Effekt. Entwurf einer Ideologietheorie*, Passagen Verlag, Wien 2002.

Manfred Chobot, geb. 1947 in Wien, Studium der Kulturtechnik, freier Schriftsteller. Hörspiele und Features für ORF, RAI u. a. Ehrendoktorat für Literatur der WAAC 2003. Zahlreiche Publikationen, u. a.: *Der Gruftspion, Prosa.* Mit Grafiken von Karl Anton Fleck, 1978; *reform-projekte, Satiren.* Mit Grafiken von Paul Flora, 1980; *Ich dich und du mich auch, Liebesgedichte,* 1990; *Atlantis – Staat der Kinder, Kinderbuch,* 1992; *Enge der Nähe/ Klaustrofobia uczuc. Ein Lesebuch.* ·Deutsch/Polnisch, 1999; Stadtgeschichten*, Erzählungen.* Mit Fotos von Manfred Horvath, 1999; *Maui fängt die Sonne – Mythen aus Hawaii,* 2001; *Reisegeschichten. Erzählungen; nach dirdort, Gedichte.* Mit Fotos von Manfred Chobot, 2003. www.chobot.at

Christian Felber, geb. 1972, lebt als freier Publizist und Buchautor in Wien; er studierte Spanisch, Psychologie, Soziologie und Politikwissenschaft in Madrid und Wien. Mitbegründer der globalisierungskritischen Organisation Attac Österreich, zahlreiche Vorträge im In- und Ausland. Seit 2004 freier Tänzer. Bücher: *Von Fischen und Pfeilen,* Edition Doppelpunkt 1999; Attac (Hg): *Die geheimen Spielregeln des Welthandels,* PROMEDIA 2004; *Schwarzbuch Privatisierung,* gem. mit Michel Reimon, Ueberreuter 2003; Attac (Hg.): *Das kritische EU-Buch,* Deuticke 2006; neu: Neuerscheinung Herbst 2006: *50 Vorschläge für eine gerechtere Welt,* Deuticke. www.christian-felber.at

Eveline Herfkens ist Sonderbeauftragte des UN-Generalsekretärs für die Millenniums-Entwicklungsziele und frühere niederländische Ministerin für Entwicklungszusammenarbeit. Frau Herfkens war Botschafterin bei den Vereinten Nationen in Genf und der Welthandelsorganisation WTO sowie Exekutivdirektorin der Weltbank.

Barbara Neuwirth, geb. 1958, lebt in Wien, Mitterretzbach und Salzburg. Studium der Geschichte und Ethnologie. 1985–1997 Verlegerin im Wiener Frauenverlag. Schriftstellerin und Lektorin für Wissenschaftstexte. Für ihre literarischen Arbeiten erhielt sie zahlreiche Literaturpreise (zuletzt 2006 den Anton-Wildgans-Preis für Literatur). Writer in Residence an US-amerikanischen Universitäten 1996, 2001 und 2003. Buchpublikationen seit 1990, u. a.: *In den Gärten der Nacht, Erzählungen,* Frankfurt/M.; *Dunkler Fluß des Lebens, Erzählungen,* Frankfurt/M.; *Im Haus der Schneekönigin, Novelle,* Wien; *Empedokles' Turm, Novelle,* Wien, und Theaterstücke, zuletzt: *Eurydike revisited,* 2005. www.barbara-neuwirth.com

Manfred Nowak, geb. 1950, ist Univ.-Prof. und Leiter des Ludwig-Boltzmann-Instituts für Menschenrechte in Wien und Sonderberichterstatter der UNO zum Thema Folter. *1996–2003* Richter am Gerichtshof für Menschenrechte für Bosnien-Herzegowina in Sarajevo. Autor zahlreicher Publikationen, darunter: *Politische Grundrechte,* 1988; *UN Covenant on Civil and Political Rights – CCPR Commentary,* 2. Auflage 2005; *Introduction to the International Human Rights Regime,* 2003.

Anton Pelinka, geb. 1941, 1975–2006 o. Univ.-Prof. für Politikwissenschaft an der Universität Innsbruck, seit 1990 Wissenschaftlicher Leiter des Instituts für Konfliktforschung in Wien, ab 2006 Professor an der Central European University in Budapest. Publikationen zu: Politisches System Österreichs, Vergleich Politischer Systeme und Demokratietheorie.

Michel Reimon, geb. 1971, Journalist, Autor und Lehrbeauftragter der Universität Wien für politische Kommunikation. Er war langjähriger Chef vom Dienst des Magazins »WIENER« und Pressesprecher der österreichischen Stopp-GATS-Kampagne. Buchveröffentlichungen, u. a.: *Days of Action,* Ueberreuter 2002; *Die sieben Todsünden der EU,* gem. mit Helmut Weixler, Ueberreuter 2006. www.reimon.net

Anneliese Rohrer, geb. 1944 in Wolfsberg, Kärnten; Gymnasium in Klagenfurt, 1963/64 American Field Service Scholar in Toledo, Ohio, USA, 1971 Dr. phil. für Geschichte, Universität Wien; 1972–1974 Assistentin am Institut für Geschichte an der Universität Auckland, Neuseeland, von 1974 bis 2005 Redaktionsmitglied der Tageszeitung »Die Presse«, als innenpolitische Journalistin, Leiterin der Ressorts Innenpolitik und Außenpolitik; seit April 2005 Kolumnistin der Tageszeitung »Kurier« und Fachbereichsleiterin des FH-Studiengangs Journalismus in Wien. Zuletzt erschien ihr Buch *Charakterfehler* im Ueberreuter-Verlag, 2005.

Eva Rossmann, geb. 1962 in Graz, Autorin und Köchin, lebt im niederösterreichischen Weinviertel. Verfassungsjuristin, politische Journalistin. Seit 1994 freischaffende Autorin und Publizistin. Unter anderem schreibt sie regelmäßig für das Gastromagazin »A la Carte«. Zahlreiche Sachbücher, ab 1999 Kriminalromane mit Mira Valensky. 2000 vom PR-Verband Österreichs zur »Kommunikatorin des Jahres« gewählt. Seit der Recherche für *Ausgekocht* auch Köchin in Buchingers Gasthaus »Zur alten Schule«. Weinviertel-Botschafterin 2006. Bisher erschienen *Wahlkampf,* 1999; *Ausgejodelt,* 2000; *Freudsche Verbrechen,* 2001; *Kaltes Fleisch,* 2002; *Ausgekocht,* 2003; *Karibik all inclusive,* 2004; *Wein&Tod,* 2005; *Verschieden,* September 2006, alle bei Folio.

Armin Thurnher, geb. 1949 in Bregenz, lebt und arbeitet in Wien und Oberhöflein. Studium der Anglistik, Germanistik und Theaterwissenschaften in New York und Wien. 1977 Mitbegründer, später Chefredakteur der Wiener Stadtzeitung »Falter« und Miteigentümer des Falter-Verlags. Zuletzt erschienen die Bücher *Das Trauma, ein Leben. Österreichische Einzelheiten* und *Heimniederlage. Nachrichten aus dem neuen Österreich* im Zsolnay-Verlag. 2001 erhielt er den Kurt-Vorhofer-Preis, 2002 den Dr.-Karl-

Renner-Preis für Publizistik. Lehrt Journalismus an der Hochschule für Musik und Darstellende Kunst und an der Fachhochschule Wien.

Bassam Tibi, geb. 1944 in Damaskus, entstammt einer Damaszener islamischen Notabelnfamilie und wirkt heute als A.D. White Professor-at-Large an der Cornell University/USA; er lehrt auch in Göttingen und ist Autor von 26 Büchern auf Deutsch und 6 Büchern auf Englisch, darunter *Der neue Totalitarismus. Heiliger Krieg und westliche Sicherheit* sowie *Im Schatten Allahs. Der Islam und die Menschenrechte,* Ullstein-Taschenbuch; er ist Träger des Bundesverdienstkreuzes 1. Klasse, verliehen vom Bundespräsidenten Roman Herzog.